中学外语教育研究

（第3辑）

张瑞鸿　编

黑龙江大学出版社

HEILONGJIANG UNIVERSITY PRESS

哈尔滨

图书在版编目（CIP）数据

中学外语教育研究．第 3 辑 / 张瑞鸿编．-- 哈尔滨：
黑龙江大学出版社，2022.12
ISBN 978-7-5686-0865-7

Ⅰ．①中… Ⅱ．①张… Ⅲ．①外语教学－教学研究－
中学 Ⅳ．① G633.402

中国版本图书馆 CIP 数据核字（2022）第 154625 号

中学外语教育研究（第 3 辑）
ZHONGXUE WAIYU JIAOYU YANJIU（DI 3 JI）
张瑞鸿　编

责任编辑	张微微　张　迪	
出版发行	黑龙江大学出版社	
地　　址	哈尔滨市南岗区学府三道街 36 号	
印　　刷	哈尔滨市石桥印务有限公司	
开　　本	787 毫米×1092 毫米　1/16	
印　　张	10.5	
字　　数	193 千	
版　　次	2022 年 12 月第 1 版	
印　　次	2022 年 12 月第 1 次印刷	
书　　号	ISBN 978-7-5686-0865-7	
定　　价	43.00 元	

本书如有印装错误请与本社联系更换。

《中学外语教育研究》(第 3 辑)

《中学外语教育研究》编辑委员会

前　言

　　湖南科技大学外国语学院从 1958 年创建俄语训练班到现在,已经历了 60 余年的风雨沧桑和蓬勃发展。学院现有英语、翻译、汉语国际教育和日语四个本科专业,拥有英语语言文学、外国语言学及应用语言学、学科教学(英语方向)、翻译硕士等硕士学位授权点。学院迄今为国家培养了 16000 余名本科生和研究生。

　　近年来,湖南科技大学外国语学院在学科建设、人才培养等方面取得了一定的成绩,特别是在课程思政建设方面取得了丰硕成果。我院外语教育课程思政教学研究示范中心 2021 年成功被认定为湖南省普通高校课程思政教学研究示范中心,在我校及湖南省内起到示范引领作用。我院教师唐清、陈意德、曾建松、傅婵妮、徐李洁荣获外语课程思政全国交流活动优秀教学案例国家级二等奖。唐清、徐李洁、曾建松、傅婵妮、何素芳荣获湖南省高校课程思政教学比赛一等奖。曾建松、官科、陈意德、唐清、傅婵妮、张雪珠、方小青、侯梦萦被评为湖南省高校外语课程思政教学团队。曾建松、唐清分别主持湖南省教育厅课程思政教学改革重点项目。张鑫荣获 2021 年湖南省师德师风建设年"身边的好老师"征文二等奖。刘一乐、官科、侯梦萦、方小青、杨晴分别获得湖南科技大学课程思政教学比赛一等奖。这些成绩的取得彰显了我院外语教育教学丰厚的底蕴和实力。

　　自 2019 年以来,湖南科技大学外国语学院面向学科教学(英语)专业的硕士研究生征集论文,编辑出版的《中学外语教育研究(第 1 辑)》《中学外语教育研究(第 2 辑)》论文集汇集了外国语学院教育硕士在中学外语教育教学方面的研究成果。2022 年我们以"中学外语教学思政"为主题,征集并挑选了 16 篇论文。这些论文从多层面、多角度探讨中学外语课程思政教学,旨在将价值导向与知识导向相融合,弘扬社会主义核心价值观,传播积极向上的正能量,共同探讨提高学生品德水平、人文素养、认知能力,以及创新能力的中学外语课程思政教学。本书主要关注理论探究和案例分析,其中外语教学理论涉及项目式学习模式、任务型教学法、产出导向法、积极心理学等,案例分析包含阅读、写作等，内容丰富，题材多样。当然，由于论文的作者大多数是初涉学术领域的硕士研究生，在理论探讨和课程设计方面还存在很多不足，敬请大家批评指正。

目 录

目　录

新媒体背景下初中英语阅读教学中
思政元素的融入研究

旷 战 曾 芊①

在初中英语阅读教学中,思政教育对学生而言非常关键,担负着重要作用。而新媒体的快速发展对初中生的日常交往方式、学习和思维方式、价值判断等都产生了一定影响,这给初中英语阅读教学中的思政教育带来了挑战,同时也带来了机遇。本文在分析上述挑战和机遇的同时,根据新媒体的特点,对新媒体时代下初中英语阅读教学中思政元素的融入方法进行了思考和探索。

当代初中生,成长于一个多元化、信息化的社会,处于发展迅速的新媒体时代,通过网络等媒体,世界似乎只在咫尺之间。在这个特殊的时代下,他们拥有更广阔的舞台和发展空间,但新媒体上纷纭杂沓的信息和思潮也在时时刻刻地影响他们的人生观、世界观、价值观。同时,初中生也正处于人生中一个特殊的时期——青春期。青春期是个体生理、认知、情感和行为发生显著变化的一个时期②,处于青春期的初中生们需要教师和社会给予更多的关注,初中生的思想政治教育则是其中重要的一环。从本质上来说,教育就是一项道德事业,因此思政教育本就是教育必行之路。

初中生的思想政治教育关乎着民族的希望,关乎着国家的未来,因此初中生的思政教育在当前时代无疑是一项重要命题。而英语作为一门语言类的学科,面临变化着的教育环境、变化着的国际局势,以及不同思想流派的影响。英语学习对初中生正确的人生观塑造,以及积极的情感、态度、价值观的形成起着重要作用。它有助于培养初中生开放包容的品质,促进初中生思维及思想的健康发展,帮助初中生理解和践行社会主义核心价值观,为初中生未来更好地适应多极化、信息化的世界打下基石。

———————————

① 作者简介:旷战,男,湖南湘潭人,湖南科技大学外国语学院副教授,博士,硕士生导师;曾芊,女,湖南湘潭人,湖南科技大学外国语学院在读研究生。

② 陆芳:《青春期自主性和联结性的发展及其与社会适应的关系》,华东师范大学 2011 年博士学位论文。

若要真正地落实思政教育，则必须深刻把握思政教育的价值，必须深入理解新媒体时代给初中英语阅读课中思政教育所带来的机遇与挑战。因此，分析新媒体对当代初中生思政教育的影响，探索如何利用新媒体在初中英语阅读课堂中对学生进行思政教育，是一个需要得到解决的问题。

一、新媒体给初中英语阅读教学中思政教育带来的诸多挑战

新媒体技术的广泛应用，给初中生思政教育带来了诸多挑战，这对教师提出了更高的要求，也对教学方式和教学效果产生了一定的影响。

（一）对教师提出更高的要求

新媒体时代的特殊性使学生可以通过新媒体技术快速地获得大量的信息[1]，但面对如此庞大且复杂的信息时，初中生有时难以做出符合社会主义核心价值观的选择和判断，部分初中生可能会出现价值取向混沌不清甚至被误导的情况。由此可见，信息传播的丰富性、快捷性等新媒体的显著特征[2]，会给初中英语教师教学带来很大的挑战。新媒体不仅冲击了学校教师为思政教育所做的各方面的努力，也影响着初中生对于社会主义核心价值观的理解和践行。

除此之外，新媒体传播的快捷性也提高了教师整体把握学生思想状况和日常课堂情况的难度。基本专业知识已经不足以应对这种情况，教师必须具有较高的思想政治素质，以及较高的新媒体信息素养和敏感度，在充分了解当下新媒体，跟上学生"潮流"的同时，对学生思想进行正确的引导，对教学内容进行更精心的设计和编排。

尤其对于英语学科来说，在国际局势瞬息万变的当下，英语作为一门教授外国语言的学科，其教学过程中会面临更多的质疑和冲突，这对英语教师提出了更新的考验，对英语教师的综合素质和能力提出了更高的要求。在英语阅读教学中，教师不仅要深挖阅读材料的思政要点，还要与当下某些社会热点现象或学生关注的热门事件相结合[3]，充分利用新媒体技术，从英语学科的视角引导学生思考、讨论，旨在提高学生对时事政治、热点事件或社会生活现状的关注，提高学生对新媒体上的庞杂信息以及复杂的社会现象的辨别力，树立正确的价值观，实现思政元素真正地融入英语阅读课堂。

---

① 黄岩、陈伟宏：《新媒体：大学生核心价值观培育的契机与挑战》，载《思想政治工作研究》2011 年第 6 期。
② 邹国振：《新媒体对大学生社会主义核心价值体系教育的影响与应对》，载《学术论坛》2012 年第 1 期。
③ 张学卫、马建红：《初中英语教学渗透思政教育的设计思路》，载《教育理论与实践》2021 年第 2 期。

（二）给教学方法带来全新的考验

新媒体技术的发展给传统的阅读教学方法带来了全新的考验。阅读是认识人类历史和社会文化的基本途径之一，是从人类社会中得到更多信息的最重要途径和手段。[①]阅读教学是帮助学生理解和践行社会主义核心价值观的重要契机和直接方式，是教师引导学生更深入地学习和理解习近平新时代中国特色社会主义思想主要、高效的综合性课程教学形式。但在新媒体的影响下，学生有可能会将深度思考让位于碎片化的接触，也有可能会重视选择的自由，忽视逻辑的、理性的思考。

因此，探索有效的阅读教学方式至关重要。对于英语教师来说，如何充分利用新媒体技术，如何妥善地将新媒体技术融入英语阅读教学，并使初中生践行社会主义核心价值观是值得研究的课题。

（三）给思政教育效果带来许多未知性

新媒体给初中英语阅读教学中思政教育的效果带来许多未知性。一方面，随着新媒体技术的应用和发展，各类文化信息跨越了时空障碍，影响着初中生的思想观念、行为以及生活方式，使得学生对于价值观的选择面越来越大，同时也可能会影响初中生对社会主义核心价值观的理解。另一方面，部分新媒体行为主体的"数字化""隐身化"以及其信息的"无主管性""即时性"也对学校思政教育的效果有所影响[②]，部分信息甚至可能直接对初中生的精神世界产生负面的、消极的作用。这不仅增加了思政教育的难度，还给思政教育的教学效果带来许多未知性。

在初中英语阅读教学中，阅读技巧的训练以及对文本的基本理解通常是阅读课的首要任务，在这种情况下，新媒体时代对于初中英语阅读教学中思政教育的教学效果所产生的影响显得更为突出。

二、新媒体给初中英语阅读教学中思政教育提供新的机遇

机遇与挑战并存。新媒体给初中英语阅读教学中思政教育带来困境的同时，也带来了众多机遇。

① 侯艺萍：《高中英语阅读课堂思政教育探索：一项教学实验》，西南大学 2020 年硕士学位论文。
② 汪益民、范钧、吴为进：《挑战与对策——网络时代研究生德育途径的探索》，载《学位与研究生教育》2001年第 1 期。

（一）使思政教育的手段更加新颖、形式更加多样

新媒体依托数字信息、计算机网络等相关技术，具有承载量大、速度快、立体化、覆盖广泛、互动性强等优势[①]，可以为英语阅读教学中的思政教育创造新条件，丰富课程资源，拓展学习渠道。在课外或课后，教师可以借助微课、社交平台等方式，超越时间和空间的限制，用声音、图画、影像生动地表现教学中思政教育的具体内容，这不仅可以改善学生的学习体验，帮助学生更好地理解和践行社会主义核心价值观，还有利于拉近教师与学生的距离，使教师更加清晰、全面地了解学生的思想动态。

同时，新媒体强大的海量信息共享性，有利于实现思政教育资源的跨界融合。[②] 也就是说，新媒体技术为教师提供了更多收集数据和资料的渠道，这有助于教师提高自身素养，有利于教师运用不同的方法和手段将思政元素融入课堂中。

（二）增强思政教育的亲和力

社会主义核心价值观的培育是一个长期的过程，并且社会主义核心价值观本身理论性较强，而在一些传统的课堂上，多采用"我讲你听"的教学模式，此种模式容易引起学生的抵触心理。利用新媒体技术，可以弥补传统教育在这方面的不足，有效地消除师生之间的隔阂，以平等的、双向交流的模式代替"我讲你听"的教学模式，使教学不受限于教师的单向灌输。同时，学生不仅可以在教师的"知识面"里学习，还可以通过新媒体技术的各种渠道，第一时间获取学习资源。

在初中英语阅读教学中，教师可将思政教育融入学生日常生活，结合课堂所学文本和材料，引发学生对社会热门事件的探讨，实现师生之间平等的、双向的互动，有效增强思政教育的亲和力。

（三）提高学生学习的主动性，突出学生的主体地位

学生不应是被动的，他们是有主体性的个体。在开展思政教育的过程中，必须发挥学生的主动性，突出学生的主体地位。新媒体技术的发展使师生之间、生生之间的交流更加便捷，使教学内容更加鲜活灵动，这都是促进学生发挥主体性作用的有利因素。外语教学语言输入理论提出，接触大量自然的语言材料，构建自然的学习语境，能保持学

---

① 邹国振：《新媒体对大学生社会主义核心价值体系教育的影响与应对》，载《学术论坛》2012 年第 1 期。
② 刘嘉诚：《新媒体视角下高校思想政治教育创新研究》，载《教育观察》2021 年第 45 期。

生语言知识水平和言语能力的同步提升。① 因此利用这种图文并茂的方式,结合社会热点,将思政教育融入初中英语阅读教学,不仅能使内容变得有趣鲜活,更容易激发学生的想象力和求知欲,而且有助于刺激学生在课堂上表达个人意见和思想的动机。

同时,由于多媒体信息的快速传播,以及当代人较高的手机依赖度,大部分学生对当下社会热点或网络热门事件都会有不同程度的了解,因此在课堂中部分语言基础较弱的学生也能获得较多的课堂参与感,这有助于提高学生学习的主动性,有助于突出学生的主体地位。

三、新媒体时代下初中英语阅读教学中融入思政元素的对策

当代初中生对新媒体的熟悉度和认可度普遍较高,其价值观容易受到新媒体所传播信息的影响,在这种背景下,初中英语阅读教学中如何有效融入思政元素是一个深刻且关键的问题。

(一)转变观念,融入学生

早在 2001 年,便有学者提出教师是道德的推动者,教育作为一个整体在本质上便是道德事业。因此,教师不管是在课上互动中还是课后活动中,都应融入学生。汪頔于 2010 年提出,转变观念是适应新媒体环境下平等化特点的重要保证和基础。在传统课堂上,教育模式过于严肃,教师把握绝大部分主动权,但初中生也是有主体性的个体,具有平等诉求和表达意愿,这就使教师思考如何转变观念的问题。

首先,教师应积极主动地提升自己的新媒体技术运用能力,了解新时期各类媒体技术、手段等,及时将新媒体技术应用于初中英语阅读教学中。这不仅有助于提高初中英语阅读教学中思政教育的亲和力,也有利于提高学生的积极性和主动性。

其次,要充分掌握学生的思想动态和基本情况,及时了解学生近期所关注的热点话题,对学生进行正面引导,与学生进行有效沟通。亲自了解学生的教师能够更好地选择合适的教学方法进行教学,并能将材料与学生的兴趣联系起来。因此,只有真正了解学生,才能有针对性地进行教育。教师可在必要时对所教学生进行一定的信息采集,确保教学中思政教育有的放矢,基于此,教师也可更好地预测、预防教学中可能会出现的各种情况,提高教学效率和质量。对于初中英语教师来说,除去社会热点事件,还应对当

① 田文燕、卢逸韵:《新媒体在中学英语课堂教学中的应用》,载《教育教学论坛》2016 年第 49 期。

前国际形势与国家政策有一定了解，以便在教学中更好地帮助学生拓展国际视野，增强学生的社会责任感，弘扬爱国主义精神。

（二）提升新媒体素养，培养新媒体思政思维

张开认为良好的媒介素养能够提高个人的辨析能力、批判意识和理性思考能力，而具备这些能力是教师进一步培养学生思辨能力的重要条件。由此可见，初中英语教师首先应提高自身辨别与筛选信息的能力，从而完善并丰富初中英语阅读教学中的思政教育，以提高学生对新媒体所传播信息的思辨能力。目前，新媒体所传播信息的一个显著特点便是碎片化，碎片化虽在一定程度上满足了当代人快节奏生活方式的需要，但这种碎片化阅读让读者可以任意选择阅读内容和方式，这会大大降低阅读的效果。且碎片化阅读不仅对初中生深度思维能力的培养有所影响，还会影响其信息甄别能力的提升，最终使其产生思维惰性。①

因此，教师应在提升自身新媒体素养的基础上，对学生进行思政教育，如此才能更好地培养学生形成正确的阅读观念，提高学生的信息辨别能力，也才能更有效地将思政元素融入初中英语阅读教学中。

此外，教师还要充分了解并熟知我国与新媒体相关的管理条例和规章制度（这其实也在教师提升自身新媒体素养的范围之内）。教师虽在了解和利用新媒体技术方面要与学生"同进退"，但在行为规范方面，教师要走在学生的前面，起到引导、示范的作用。在课堂中，教师应结合恰当的教学内容，合理地向学生普及相关管理条例等，以培养学生健康、理性的媒介批评能力和高尚的新媒体素养。

（三）挖掘教材，找准方法，激活课程

教师是课程思政的关键，教材是课程思政的基础②，因此初中英语阅读教学中思政元素的融入必然离不开教师对教材的深度挖掘，离不开教师较高的思政素养和新媒体素养。张学卫于2021年提出，初中英语思政教育的根本目的是"育人"。育人可从不同角度进行，本文从文化、社会、国家以及学生自身出发，探索如何挖掘教材，准确切入思政要点，旨在从不同的角度帮助学生理解和践行社会主义核心价值观，落实思政教育。

---

① 徐鹏、曲政：《移动互联网时代青少年碎片化阅读及其应对策略》，载《中学政治教学参考》2020年第7期。
② 邱伟光：《课程思政的价值意蕴与生成路径》，载《思想理论教育》2017年第7期。

我国各版义务教育阶段英语教科书都不同程度地结合了文化教学的内容,以人民教育出版社出版的初中英语教科书为例,它融入了我国的民族文化和其他国家的民族文化,这有助于学生丰富思想、活跃思维并开拓国际视野、增强爱国意识。在课堂上,教师可利用新媒体技术,在丰富课程资源的同时,结合相关的教学内容,将思政元素融入教学的各个环节。以初中英语九年级全一册 Unit 2 Section A 3a 的阅读材料"Full moon, full feelings"为例,这篇阅读材料介绍了中国的传统节日中秋节,以及相关的神话故事。这篇材料的思政要点为中秋节的核心内涵——团圆。教师在课前可利用新媒体技术进行导入,组织节日猜测游戏或带领学生观看相关的热门短视频,引发学生兴趣。在课中、课后同样也可利用新媒体技术进行知识和视野的拓展,从家庭团圆逐渐深入到国家的团圆、世界的团圆,逐步引导学生正确理解"团圆"的含义。

　　除了文化层面,教师还可从社会的视角挖掘教学内容和文本,选定思政切入点。将教材与社会热点联系起来,通过切实可行的路径,在引起学生对社会问题和时事关注的同时,借助课堂帮助学生提高判断和处理信息的能力,发展学生新媒体素养。如,八年级下册 Unit 1 Section A 3a 的"Bus driver and passengers save an old man"一文主要讲述了公交车驾驶员和乘客及时将一位因心脏病发作而倒在路边的患者送往医院的故事。这个故事和社会中"扶与不扶"的话题紧密相连,此篇材料的思政要点也正在此处。教师可以以这篇阅读材料为切入点,引入相关的社会事件以及当下人们对于"扶与不扶"的不同看法,与学生一起思考、探讨,让学生进行讨论,最后帮助学生形成乐于助人的价值观,并培养学生正确看待与分析新媒体上关于社会事件的不同看法,提高学生的分析力与判断力。

　　教师还可从国家的角度选定思政切入点。国家和文化密不可分,因此,教师可以以"传播中国优秀文化,厚植家国情怀"和"比较中西文化,吸收文化精华"为重点内容,增强学生文化自信。[①] 例如,八年级下册 Unit 5 Section A 3a 的阅读材料"The storm brought people closer together"的主要内容为,共同经历了灾难后,人们的心联系更加紧密。教师可从"一方有难,八方支援"作为思政要点,结合一些洪灾、山火等事件,弘扬我国人民在经历灾难时众志成城的精神。同时,教师也可结合新媒体的优劣势,培养学生的思辨能力。新媒体技术的发展,有助于人们快速了解时事发展的最新情况;但同时,虚假信息也层出不穷。因此教师可在培养学生正确的世界观、人生观和价值观的同时,帮助学生提高信息判断和鉴别能力,帮助学生进一步了解新媒体,提高学生的新媒

---

　　① 张学卫、马建红:《初中英语教学渗透思政教育的设计思路》,载《教育理论与实践》2021 年第 2 期。

体素养。

思政教育必定离不开学生的日常生活,因此,教师可从学生自身出发,从行为举止、生活技能和生活态度等方面选定思政切入点。例如,九年级全一册 Unit 4 Section A 3a 的"From shy girl to pop star"这篇阅读材料主要描述了一位害羞的女孩通过唱歌获取成功的故事。教师可以将主人公的努力以及对梦想的坚持和追求作为思政要点,同时利用新媒体技术,结合世界上其他知名人物的成功道路,培养学生坚持不懈、不怕困难的精神。

诚然,在实际的教学中,如果要把丰富的思政要素鲜活且无痕地融于各教学活动、教学环节,单一的方法与路径是不够的。由此可见,教师不仅要对思政要点具有一定的敏感性,还应了解学生,且能灵活运用不同的方法和路径,营造良好向上的英语课堂氛围,激活课程。例如,在上述第一个课例中,教师除了采用直观手段进行教学外,还可以在课前鼓励学生利用新媒体技术进行一定的资料搜集,并在课中进行合作学习,讨论并分享自己知道的国内外节日及相关的神话故事,这不仅能帮助学生加深对我国传统节日的理解,提高学生的跨文化交际意识和能力,还有助于提高学生的学习兴趣和课堂参与度。同时学生在小组活动中有机会积极与他人合作,相互帮助,这有利于学生健康向上的品格的形成。

总之,初中英语阅读教学中渗透思政教育要以教材中的阅读文本为中心,在各教学环节和学习活动中渗透思政教育。因此,教师要基于文本又要高于文本,深度挖掘教学内容,找准教学内容所蕴含的思政元素,灵活运用不同的教学方法,同时要借助新媒体技术,帮助学生树立和践行社会主义核心价值观,并在学习语言知识的同时,提高学生跨文化交流的意识和能力,开拓国际视野,弘扬爱国主义精神。

四、结语

初中生社会主义核心价值观的培养是当代一项重要命题,新媒体技术的快速发展给我国思政教育带来了诸多挑战,同时也带来了不少机遇。初中英语思政教育要与思政课协同落实立德树人的根本任务,这对英语教师提出了更高的要求。为此,英语教师要不断提升自身的专业知识和思想政治理论水平,不断培养自身的新媒体素养,充分认识新媒体技术并利用其优势,把握好国际国内形势和时代命脉,合理运用新媒体技术将思政元素融入初中英语阅读教学,将初中英语思政教育的精神落到实处,为培养社会主义建设者和接班人贡献自己的力量。

项目式学习模式下高中英语
教学与劳育的融合

曾梓祎①

  素质教育时代背景之下,我国高中英语课程目标呈现出由培养学生综合语言运用能力到培养学生英语学科核心素养之转变,立德树人已成为高中英语教学的根本任务。除此之外,课程思政建设与"五育并举"方针也跻身于各阶段教学之中。部分传统高中英语教学中所呈现出的"重工具性而轻人文性"现象阻碍了英语学科核心素养的发展,同时也忽视了学生德智体美劳的全面发展。与此同时,项目式学习模式的内涵与价值在思政教育与素质教育相对缺乏的高中教学阶段得到了关注与重视。项目式学习模式要求以学习者为中心,依托于某一项目的完成来使学习者通过小组或者个人活动,对项目完成过程中的数据进行计划、研究、综合,然后以口头或者书面形式进行知识产出。这种模式注重学生的实践能力与自我探索,打破了高中传统课堂的固定模式,同时与劳育有一定的契合之处。纵观高中英语教学研究现状,基于项目式学习模式开展的英语教学已取得诸多成效,但在项目式学习模式之下,高中英语教学与劳育之间所具有的交互性与融合性并未得到广泛关注。因此,本文将以项目式学习模式为基础,以《普通高中英语课程标准(2017 年版 2020 年修订)》为依据,在高中英语教学背景之下探究劳育与高中英语教学的融合,以期对中学英语教学和"五育并举"之融合有所启示。

---

  ① 作者简介:曾梓祎,女,湖南益阳人,湖南科技大学外国语学院在读研究生。

一、当前高中英语教学中个别问题浅析

（一）自主学习意识薄弱

自主学习能力是促进外语教学的有效因素之一。自主学习要求学生能对自我学习过程主动进行有效的规划、管理和监督，并且进行学习反馈与评价，它具有能动性、有效性和相对独立性等特征。① 在一些高中英语教学课堂中，学生充当着英语课堂的"听众"角色，当教师给予"做笔记"或者是"回答问题"的指令时，他们才会做出相应的回应。此外，一些学校中教学目标的制定以及教学内容的确立也往往由教师独立完成，学生鲜少有机会参与其中。部分教师在课堂上按部就班地进行教学，忽视学生的主体作用，导致学生机械地、被动地接受知识，未认识到自主学习的重要性。

部分高中生英语自主学习意识薄弱问题受到广泛关注。多项研究表明，自主学习意识薄弱现象在高中生的英语学习中有所显现，并且该现象的形成受到了多方面因素的影响。王勤梅和黄永平针对高一、高二学生英语自主学习能力进行了调查研究。结果显示，尽管一些学生充分意识到了英语学习的重要性，并且愿意付诸努力，但他们并不能广泛利用教学资源，调动自我学习积极性，在英语学习的过程中进行主动学习。② 此外，不全面的学习动机也是造成该现象的原因之一，一些高中学生往往从应试的目的出发学习英语，并未意识到语言学习对自我交际能力或文化交流能力等方面的塑造功能。而部分教师缺乏对学生自主学习能力的培养也是导致该现象的原因之一。

（二）思政教育、劳育有待深化

课程思政融入学科教学是实现立德树人根本任务的要求。新时代社会的发展和国际交流要求高中英语教学与思政教育进行深度融合，以此来推进我国综合国力的提升，然而目前这一要求并未在所有的高中英语教学中得到充分的体现和实践。王学俭、石岩提出，课程思政将思想政治教育元素，包括理论知识、价值理念以及精神追求等融入各门课程，潜移默化地对学生的思想意识、行为举止产生影响。③ 换言之，课程思政要

---

① 庞维国：《论学生的自主学习》，载《华东师范大学学报（教育科学版）》2001年第2期。
② 王勤梅、黄永平：《高中生英语自主学习能力现状调查研究》，载《现代教育科学》2011年第6期。
③ 王学俭、石岩：《新时代课程思政的内涵、特点、难点及应对策略》，载《新疆师范大学学报（哲学社会科学版）》2020年第2期。

求在传统的知识课堂中融入思想政治教育,这其中也包括我们所提倡的"五育并举"方针中的"五育"。教育所培养的是德智体美劳全面发展的社会主义建设者和接班人,由此可见,以语言工具性为中心而忽视人文性的英语教育模式已经落后于我国的教育目的和要求,不符合新时代素质教育之发展。

依托课程思政元素将"五育"融入高中英语教学不仅对教师的专业素养提出一定的要求,同时也是对教师综合素质的极大考验。劳育作为德智体美劳全面发展中不可缺少的一项元素,却往往在英语教学中被忽略。一些高中英语教师不善于汲取新兴文化知识,认为英语教学的目的是传授语言知识。但劳育的缺乏会使英语课堂难以发挥其对养成学生健全人格和强健体魄的促进作用。随着教育的不断改革,教师逐渐注意到在高中英语教学中融入道德教育、价值观教育和劳动教育有助于塑造青少年学生健全的人格,养成青少年健康的体魄。然而,尽管一些教师已经意识到劳育于学科教学的重要性,但由于其能力的不足,无法将教学内容的讲解与劳育充分结合。也有一些教师在教学方法的选择或创新上存在一定的短板,导致高中英语课程中的思政教育和劳育沦为生搬硬造的讲解,使得课堂晦涩难懂,学生也失去对外语学习的兴趣。因此,教师对思政教育和劳育认识的不足以及专业能力与素养的低弱也是造成部分高中英语课程劳育匮乏的重要因素。

（三）重理论轻实践

语言学习的最终目的是运用所学知识进行交际,由于缺乏真实的外语环境与面临升学的压力等因素,我国高中阶段部分英语课堂教学倾向于语言知识的讲解,对高中生知识的综合运用能力和实践能力缺乏足够的重视。王蔷和胡亚琳对英语学科能力及其表现进行了研究,提出要以英语学习能力为基础,发展学生应用实践能力,从而推动其迁移创新能力的发展。[①] 除此之外,高中学生所应具有的实践能力不仅要求其能运用英语进行交际,还要求其将英语教学内容中所蕴含的思政教育知识运用于实践之中。当前我国高中英语教学以线下课堂教学为主,同时以微课、翻转课堂等新型课堂加以辅助,但一些教师进行授课时通常只照本宣科,并未妥善利用与实际性操作和知识运用相关的教学资源,从而造成高中英语教学课堂重理论轻实践的现象。

英语教学所要教授的理论知识与所要培养的实践能力相辅相成,互相促进。理论是实践的基础,实践是理论的源泉。语言实践的过程不仅能寓英语知识于任务或项目

---

① 王蔷,胡亚琳:《英语学科能力及其表现研究》,载《教育学报》2017 年第 2 期。

完成的过程之中,同时还有助于培养学生的合作精神与实际操作能力。对于高中阶段的学生而言,借助实践过程可以将理论层面中的难点理解透彻,强化记忆,同时也能通过切身体验缓解学业压力,调动英语学习的积极性。

二、项目式学习模式下劳育融入高中英语教学的可行性分析

(一)项目式学习与劳育

项目式学习模式围绕某一项目的提出、进程和结果来展开,它与问题教学法和任务教学法有着众多相似之处。"项目"可以被解释为一个共同构建和商榷的任务,并且该式学习模式"项目"是所有参与者共同磋商的结果。时至今日,项目式学习模式已广泛地应用于我国英语教学之中。基于项目式学习模式所实施的高中英语教学涉及基本技能的培养与训练。实际应用中我国高中英语教师构建了围绕英语诗歌等语篇类型展开的项目式学习模式。杨茂霞、陈美华对项目式学习于学生的价值观培育功能进行了分析讨论,并提出项目式学习模式注重意义的建构、参与者之间的合作学习以及批判性思维的培养,有助于价值观的培育,同时有益于学生进行理性的思考和选择。① 与此同时,项目式学习模式与劳育在高中英语教学的育人目标与能力培养等方面有着众多的契合之处。

从理论基础来看,项目式学习模式以实用主义学习理论与发现学习理论为基础,贯彻了语言的学与用的统一。在教学方法的选择上,杜威所提倡的实用主义强调从做中学。布鲁纳认为语言学习是学生自我探索、主动发现的过程,他提出了发现学习的四个程序:提出问题,创设情境,提出假设,检验假设。项目式学习模式的实施强调实践在语言学习中的作用,以及活动探究的教学模式。劳育的实施离不开实践活动的参与。孙怡将劳育定义为通过脑力与体力相结合的方式,在实践过程中获得相关的技能,促进多方面能力提高的一种教育形式。② 实践活动是沟通项目式学习模式与劳育的桥梁,同时项目式学习模式也为劳育开辟了一条新的渠道。"五育并举"方针下,劳育往往与德智体美分离开来,没有形成系统的教学模式与体系。项目式学习模式下,学生通过项目的完成可以感受到劳动的乐趣以及成就感,而某些劳育也可以通过项目的方式进行推

---

① 杨茂霞、陈美华:《大学英语项目式学习的价值观培育功能剖析》,载《外语教学》2021 年第 3 期。
② 孙怡:《小学阶段劳育全人实践的个案研究》,河北师范大学 2021 年硕士学位论文。

进。除此之外,杨明全认为,核心素养时代下的项目式学习模式为劳育的落实和学科渗透提供了抓手。① 简言之,项目式学习模式所具有的实操性为劳育向其他学科的渗透提供了学习方式上的可能。通过项目的设置,可以实现劳育与学科知识的有机融合,从而更好地促进学生全方面的发展与进步。

(二)高中英语教学与劳育

新时代国家高速发展背景之下,社会对于全能型人才的要求越来越高。习近平总书记在全国教育大会上提出要努力构建德智体美劳全面培养的教育体系,形成更高水平的人才培养体系。② 与此同时,高考的不断改革与变化也呈现出在试题中渗透体美劳内涵的趋势。中国高考评价体系明确指出了高考所具有的立德树人精神,劳育从不同的层次与维度深入高考英语之中。

高中英语教育所蕴含的工具性和人文性为劳育的展开提供了有效路径。陈宇博和解庆福(2021)对高考试题中劳育的渗透进行了详细的解析,指出高考英语从六个方面对劳育进行了引导和启发,首先是展示劳动过程,随后创设劳动情境,呈现创造性劳动,紧接着讲述劳动故事,渗透劳动文化,最后描述劳动任务事迹。③ 通过这一系列的展示,学生在完成英语试题的过程中接受着劳动精神的渲染与熏陶,这有助于高中学生增长劳动知识,树立积极的劳动价值观。《普通高中英语课程标准(2017 年版)》中提出了指向学科核心素养发展的英语活动学习观,而这里所说的活动就包括了围绕语言知识和技能展开的应用实践类活动。④ 活动是践行劳育的基础和保障,英语教学活动的开展在无形中为劳育的展开提供了新思路。

基于以上对项目式学习模式、高中英语教学以及劳育的分析,我们不难发现新时代背景下的学科教育离不开劳育的融入。项目式学习模式消除了传统英语教学模式忽视学生实践能力的弊端,并且无论是从理论基础还是教育思想上它都与劳育有着相似之处。此外,劳育于高中英语中的渗透愈发明显而强烈,这也意味着教师要从英语教学的多维度出发,探索将劳育与高中英语教学相结合的有效途径。

① 杨明全:《核心素养时代的项目式学习:内涵重塑与价值重建》,载《课程·教材·教法》2021 年第 2 期。
② 《坚持中国特色社会主义教育发展道路 培养德智体美劳全面发展的社会主义建设者和接班人》,《人民日报》2018 年 9 月 11 日。
③ 陈宇博、解庆福:《高考英语试题对劳动教育的渗透及教学启示》,载《中国考试》2021 年第 9 期。
④ 王蔷:《〈普通高中英语课程标准(2017 年版)〉六大变化之解析》,载《中国外语教育》2018 年第 2 期。

三、项目式学习模式下劳育融入高中英语教学的实践路径

基于不同的理论与视角,研究者们对于项目式学习模式持有不同的看法和见解。本章节将以张洪波(2020)等人基于 STEM(科学、技术、工程、数学)教育理念所构建的项目式学习模式①为基础,以人民教育出版社出版的普通高中英语教科书必修第三册 Unit 1 "Festivals and celebrations"为例,结合高中英语教学策略,探讨项目式学习模式下劳育融入高中英语教学的实践路径。

(一)问题驱动:创设问题情境,激发劳动意识

问题情境的创设是项目式学习模式的开端。在教学前抛出与教学内容相关的问题,有助于启发学生进行思考,从而激发他们的参与意识和学习兴趣,为之后项目的开展奠定基础。教师可以在进行问题情境的创设时融入劳育精神,使学生将所学知识与实际生活相关联。

Unit 1 "Festivals and celebrations"所展示的主要内容为世界各地重大传统节日的介绍,教学目标为通过学习引导学生使用英语来介绍中国的节日。教师可以以问题为教学开端。例如,提问"Do you know any traditional festivals in China and the west?""What will they do to celebrate these festivals?"。通过这两个问题,教师能够自然地导入本堂课所要学习的内容。同时,学生在思考的过程中能将自己过去学到的知识与新的问题相联系。此外,第二个问题的提出可以使学生对人们为了庆祝节日所付出的劳动和努力进行思考,激发他们的劳动意识。

问题导入后,为了强化学生的劳动精神,使其自身有意识地参与到劳动中去,教师可以基于所提出的问题进行情境的创设。在许多国家,为了庆祝节日,人们大多会对自己的房屋进行装饰,并且制作独特而美味的食物。因此,教师可以选取某一节日来设置情境。例如,"如果明天是我国传统节日元宵节,而你需要以主人的身份邀请自己的外国朋友来一同庆祝,那么你会制作什么食物和装饰品,并且怎样对你的外国朋友进行介绍?"这一情境的设立,使学生的身份从旁观者变成了参与者,使学生从简单的对元宵节进行了解变成深入探析它的来龙去脉,同时也使学生意识到劳动在日常生活中的重

---

① 张洪波、张胜利、黄娟:《基于 STEM 教育理念的项目式学习模式构建》,载《教育理论与实践》2020 年第 20 期。

要性,在激发学生学习兴趣的同时使他们更好地参与到劳动活动中去。

（二）项目设计:结合语言知识,制订劳动计划

在问题驱动环节,教师通过提出问题对所要完成的项目进行了设置,学生也进行了初步的思考和交流。那么在项目设计环节,学生要结合自己所学习的语言知识进行劳动计划的制订。

首先,学生需要确定项目的参与者,为之后的分工合作建立基础。简而言之,学生要自行组成小组,每个小组的人数要平均,以保证项目完成的公平性。此外,科学的项目计划是成功进行实践的基础和保障。教师不仅要在理论层面丰富学生的语言知识,也要利用自身经验协助学生完成计划的制订。高中学生对于元宵节并不陌生,但是用英语来对此进行介绍对于他们来说可能有一定的难度。因此,教师要对项目完成过程中可能涉及的疑难的词汇、句型等知识进行讲解。除此之外,由于高中学生缺乏实践经验,他们在制订劳动计划的过程中可能会出现一定的困难,教师在要求学生进行资料查找之外,要进行适当的提示。元宵节所需要制作的装饰品为花灯,食物为汤圆或者元宵。而学生所设计的项目就要基于这两项物品的制作流程。因此,学生要结合自己所搜集的资料,通过小组讨论以及教师的协助确定制作流程,从而确定劳动计划。与此同时,为了强化学生对于所要学习的语言知识的掌握情况,学生不仅需要弄清花灯以及元宵或汤圆的制作流程,还需要在汇报学习成果时使用英语对此进行描述。最后,为了项目的顺利完成,学生需要将不同的任务分配给自己的成员,例如,A同学负责搜集制作花灯的材料,B同学负责制作花灯等等,合作学习在此过程中得到了体现。

（三）实践探究:运用语言技能,加强劳动实践

实践探究是项目式学习模式的核心部分,学生在该环节将理论应用于实践当中,并且通过实践发现学习问题,及时进行调整和改正。高中学生具有较为成熟的心智和知识技能,在进行实践的过程中有自己独立的想法和见解。教师要尊重学生的思想,不可要求所有学生采用千篇一律的方法进行实践,但也要有效地引导学生进行积极正确的实践。

在这一环节,学生要将上一步所讨论的劳动计划付诸实践。在保证项目的可行性与科学性的基础上,小组成员需要各司其职,认真负责地做好项目的每一个部分。以制作花灯为例,每一小组可以根据自己的喜好选择不同尺寸和颜色的材料进行制作。在进行制作的过程中,负责讲解的同学要全程使用英语来指导进行实际操作的组员,同时

小组成员也可以提出不同的看法并进行讨论,选择最佳的方案。在这个过程中,学生有效利用语言知识和技能,在进行劳动的同时也锻炼了自己听说读写的能力。此外,教师在实践探究的过程中也发挥着非常重要的作用。学生是劳动的主体,而教师充当着引导者、资源提供者、交流者等身份。在制作或者讲解的过程中,学生难免会遇到一些困难和挫折,教师要对学生进行恰当的指导,提供一定的帮助,采取积极的态度对待学生的错误,鼓励他们保持良好的心态,完成项目。

实践探究环节要求学生全身心地投入作品的制作以及英语讲解之中。在这一部分,学生要做好汇报学习成果的准备。简言之,学生需要完成作品的制作,整理完成项目的思路和过程,对讲解过程进行准备,并进行恰当的演练。通过系统的整理和分析,学生不仅强化了对知识的记忆,同时还锻炼了逻辑思维能力、合作能力和交际能力。

（四）项目评价:汇报学习成果,开展劳动评价

通过一系列的资料搜集、项目计划制订以及实际操作,学生已经充分完成教师在问题驱动环节所布置的任务。因此,在项目式学习模式的最后,教师与学生要共同进行项目评价。首先,每一组负责汇报的学生需要使用英语向教师和同学介绍元宵节的由来以及人们的庆祝方式,并且展示他们所做的花灯以及元宵或汤圆。除此之外,制作的过程以及每一位同学的分工也要加以体现。在展示后的评价环节,可以分为三个步骤,第一步为学生自评。每一位学生都参与到了该项目之中,他们对自己在这个过程中的表现会有一些体会和感悟。通过自我反思,学生可以体会到自己在学习中的不足和缺陷,并在之后的学习过程中加以改正。第二步为小组互评。通过小组项目完成情况的对比,小组之间会存在某种良性竞争。因此,小组互评可以通过比较的方式让学生采取谦逊的态度向他人学习,并且也能结合自身知识与经验对他人作品做出客观的评价,尊重他人的劳动成果。最后为教师评价,作为教学活动的指导者,教师的评价对学生来说具有十分重要的意义。因此,教师要以公正客观的态度根据学生对项目的准备、计划、分工以及完成情况来对学生进行评价,并且对他们加以鼓励和赞赏,使他们保持继续学习的热情和动力。除此之外,在项目评价时,教师可以带领同学回忆与巩固与节日以及庆祝相关的英语知识,并且积极导入劳育。教学内容与实际劳动的结合充分贯彻了指向学科核心素养的英语活动学习观,使学生在进行英语学习的同时切身体验劳动的乐趣,实现学科教学与劳育的有机融合。

五、结语

当前,个别地方的高中英语教学还存在着一些问题与不足。思政意识薄弱,实践能力不足阻碍了部分高中学生英语学习积极性的提高和德智体美劳的全面发展。以项目式学习模式为基础展开的高中英语教学在理论基础与实践操作中与劳育息息相关。它打破了传统课堂的限制,将语言学习与劳动实践充分结合,寓活动于教学之中。因此,我们应积极探索项目式学习模式下高中英语教学与劳动教育融合的实践路径,积极引导学生意识到劳动的重要性,为思政元素在英语课堂中的渗透与发展提供新的路径。

主题语境下实施高中英语课程
思政的意义及策略

郜　焕[①]

英语课程作为高中阶段的基础文化课程,如何在全面贯彻党的教育方针、全面落实立德树人根本任务中发挥自身独特的作用,并作出应有的贡献,是一个值得研究的、很有现实意义的重要课题。

一、高中英语课程思政实施的重要意义

《普通高中英语课程标准(2017年版2020年修订)》中明确提出,普通高中英语课程是高中阶段全面贯彻党的教育方针、落实立德树人根本任务、发展英语学科核心素养、培养社会主义建设者和接班人的基础文化课程,并强调,普通高中英语课程具有工具性和人文性融合统一的特点。因此在高中英语课程教学中融入理想信念、科学精神、奉献精神、职业道德等思政教育,培养德智体美劳全面发展的时代新人,显得尤为重要,其意义主要表现在三个方面。

首先,实施课程思政有助于普通高中培育和践行社会主义核心价值观。2018年习近平总书记在全国教育大会上指出,要把立德树人融入思想道德教育、文化知识教育、社会实践教育各环节,贯穿基础教育、职业教育、高等教育各领域,学科体系、教学体系、教材体系、管理体系要围绕这个目标来设计,教师要围绕这个目标来教,学生要围绕这个目标来学。[②] 因此,高中英语教学要围绕立德树人根本任务,把培育践行社会主义核

---

① 作者简介:郜焕,女,湖南株洲人,英语教育硕士,中学高级教师,湖南省株洲市九方中学英语备课组长,主要研究方向为英语教育教学。
② 《坚持中国特色社会主义教育发展道路 培养德智体美劳全面发展的社会主义建设者和接班人》,《人民日报》2018年9月11日。

心价值观融入教书育人全过程。

其次,实施课程思政可以为普通高中推进改革创新提供行动指南。高中思想政治工作关系到"培养什么人、如何培养人、为谁培养人"的问题。在高中教育教学中,要将课程思政的理念贯穿到教育教学的全过程,克服"教书不育人"或"重知识轻素质"的现象。

最后,实施课程思政有助于普通高中提高教育教学质量。普通高中有其自身的办学特色和培养目标,在知识传授和能力培养过程中,加强正确价值观的引导,可使学生在掌握知识、提高能力的同时,拥有爱国敬业、诚信友善、乐观豁达、谦虚包容、勇敢进取等美德。

二、高中英语课程思政实施的现状分析

目前,虽然各普通高中已逐步推进课程思政育人工作,但并不是所有教师都将课程思政理念入脑入心,一些教师没有深度挖掘课程内容中的思政元素。部分课程是为思政而思政,且思政元素与课程的融合较为生硬。造成这种现象的原因是多方面的:在教育理念方面,部分教师还不能正确认识知识传授与价值引领之间的关系;在队伍建设方面,部分教师育德的意识、能力有待提升;在人才培养方面,课程思政资源没有得到充分挖掘等。对部分高中英语教师而言,由于英语是高考主要考查学科,在高中阶段更是教学任务重,教学压力大,教师需要面对巨大的高考升学压力,因此,在高中英语课堂教学中,部分教师更注重学生语言知识的积累和语言技能的培养,关注点是学生的分数和应试能力,对英语教学的思政教育功能考虑较少。部分英语教师认为各学科教师应各尽其责(在所负责学科的知识传授甚至应试能力培养方面),思政教育是班主任和思政课教师的任务,因此,思政教育不应作为英语课程的任务。这些英语教师没有思考过如何把英语课程内容和思政教育有机结合,也缺乏课程思政教育意识与手段。

三、高中英语课程思政实施的策略

(一)树立思政意识,提高教师思政育人能力

英语教师是实施课程思政的主体,是课堂教学的第一责任人。他们的思政意识、素养和能力对于课程思政教学改革的成功至关重要。因此,高中英语教师要提升课程思

政意识,认识到自己肩负的思政教育职责,要提升站位,加强思想政治理论学习,不断更新自己的知识结构,跨学科向思政教育专家学习请教,提高自身思政意识。正人先正己,教师要做学生的楷模,用高尚的情操感染学生,用高尚的言行影响学生,为人师表,率先垂范,时时处处引导学生修身立品。教师要提升自己的认知水平,反思自己的所作、所为、所思、所想。教师之间更应该互相启迪,互相协作,相互促进,共同提升思政修养,共同提升英语课程思政教学设计、组织与实施能力,做到学科教学与思政教育相统一,努力培养学生的社会主义核心价值观,增强学生的判断能力、选择能力和践行能力。

（二）明确主题语境的思政目标,分类设计思政教学内容

笔者所在英语备课组仔细研读了译林出版社出版的高中英语教材,结合教材特点,制定了每本教材总的思政目标,在总目标的基础上再根据每个单元的主题语境细化了每个单元、每堂课的情感、态度与价值观的目标。以必修第一册第一单元"Back to school"为例,单元的主题语境是"人与自我",话题是"实现自己的潜能",思政教育目标设定为:引导学生正确认识人生目标对人生实践的重要作用,帮助学生制定合适的高中学习目标。备课组在集体备课环节经过研讨,针对该单元设计了三个思政教育教学模块。一是学习理解类活动模块。通过课堂提问,让学生对文本内容有深入的理解和领会,能正确看待"机遇和挑战"的关系,用积极的心态面对挑战,使他们对"什么是个人潜能""如何发掘个人潜能"有进一步思考,并由此提升到对学生的理想信念教育。二是应用实践类活动模块。教师通过引导学生学习篇章中出现的词汇,由词汇拓展到句子,通过造句等活动,渗透思政教学元素,激励学生们认真努力生活,为了理想信念不断进取。三是迁移创新类活动模块。让学生写一篇演讲稿来阐述对潜能的理解并说明自己的潜能。这些活动进一步突出了"人与自我"的主题语境特色,在活动开展过程中,学生需要直视自己的内心,客观认识和评价自己,认真规划自己未来的学习生活。

以选择性必修第二册第三单元"Fit for life"为例,单元的主题语境是"人与社会",话题是"医学进展、疾病与健康"。思政教育目标设定为:通过帮助学生了解中外医学发展的现状和趋势,增强学生的健康安全意识,激发学生弘扬传统中医文化的热情。为该单元设计的思政教育教学内容如下。首先,在学习理解类活动中,教师指导学生学习该单元的卷首名人名言——来自加拿大医学家威廉·奥斯勒的"行医是艺术而非交易,是使命而非生意。在这个使命中,你要如用脑般用心"。使学生在识记的基础上充分理解这句话的深层含义:行医者在救治病人的同时还需要有一颗仁慈之心。通过以上学习帮助学生树立正确的职业道德观。其次,通过对阅读篇章"The future is in our genes"的学习,激发学生的创新精神,培养学生理性思维,让学生以严谨、科学的态度辩证地对待医学发展,学会尊重生命、尊重科学。最后,在迁移创新类活动中,教师指导学生分组完成介绍中医中药的项目。帮助学生了解博大精深的中国传统医学、坚定文化自信,使学生懂得弘扬和发展中华传统医学的重要性和必要性。

选择性必修第四册第一单元"Honesty and responsibility"的主题语境是"人与社会",话题是"诚实与责任",思政教育目标设定为,通过学生与诚信和担当两大重要品格有关的语言材料,增强学生责任担当意识,帮助学生树立诚信、友善的社会主义核心价值观,让学生努力成为诚实守信、有担当的人。

选择性必修第三册第四单元"Protecting our heritage sites"的主题语境是"人与自然""人与社会",话题是"遗产保护",拓展阅读部分可由丝绸之路引出对"丝绸之路经济带"的探讨,结合教材内容,该部分思政教育目标可设定为:通过帮助学生了解丝绸之路对人类文明、文化交流的重要意义,增强学生对世界遗产的保护意识,并过渡到对"丝绸之路经济带"的探讨,让学生学会站在人类命运共同体的视角去思考问题,拓宽学生们的国际视野,引导学生牢固树立人类命运共同体意识,立志为人类和平与发展贡献智慧和力量。

（三）挖掘主题语境的思政元素,积极开展思政育人活动

教材是教师开展各项教学活动的重要基础。译林出版社出版的高中英语教材以德育为魂,以主题语境为引领,高度重视学科育人功能,将立德树人根本任务落到实处;语篇中有机融入社会主义核心价值观,帮助学生形成正确的价值观和积极的情感、态度。笔者所在英语备课组教师充分利用教材这一载体,挖掘其中蕴含的丰富思政内容,根据语篇主题语境提炼其中的思政元素,设计并开展了一系列针对性强的教学活动,积极引导学生形成正确的人生观和价值观。比如,在讲授必修三第四单元海明威的名著《老人与海》的节选时,教师向学生提问:"羸弱的老人为什么纵使遍体鳞伤也不放弃,最终战胜大鱼,拖回来一副骨架?"通过讨论、分析和引导,让学生学习老人面对困难时坚韧不拔的意志品质,了解一个人能被摧毁但不能被打败的内涵与真谛。在课后教师指导学生开展经典作品的整本书阅读和读书分享活动,并请学生撰写读后感。在活动的过程中,始终贯穿思政教育,使学生在阅读经典的过程中,心灵得到滋养。

译林出版社出版的高中英语教材精选了与中华优秀传统文化、革命文化和社会主义先进文化相关的内容作为素材。素材具体包括孔子、李白、屠呦呦、黄大年等中国人

物,《红楼梦》《清明上河图》《梁祝》等中国文艺作品,《生查子·元夕》等古诗词的英译,《黄河钢琴协作曲》等革命文化代表作品,丝绸之路等具符号意义的中国文化代表,高铁、中国探月工程等当代中国取得的瞩目成就。为了用好这些素材,教师设计出一系列的教学活动,并在教学过程中积极实施。

在学习必修第二册第二单元"Be sporty, be healthy"时,教师引导学生阅读教材中有关太极拳的语篇,并且通过观看视频和学生们一起学习简单的太极拳法。鼓励学生用双语讲述拳法的动作要领和练习拳法的感受。通过阅读文章、观看视频的眼到、耳到和自己双语介绍拳法要领与感受的身到、心到这种多模态语篇学习和多感官体验,让学生们切身感受到中华传统武术对强身健体和磨炼意志品质的重要作用,加深学生对这一灿烂的中华瑰宝的了解。

在讲授第三单元"Festival and custom"时,教师让学生亲手参与做年夜饭、写春联、剪窗花等一系列活动,鼓励学生给外国友好学校的学生写英文信,录制拜年短视频,介绍中国春节(介绍春节的来历和丰富多彩的庆祝活动)。开展双语新年祝福语创作比赛。

在学习选择性必修第一册第三单元"The art of painting"的拓展阅读"Qingming Scroll"部分内容时,教师让学生提前分小组了解与学习中国古代十大传世名画,制作相关的英文介绍幻灯片,在该单元导入课中展示,让学生在课堂上分享与展示《步辇图》《韩熙载夜宴图》《千里江山图》等传世经典的同时,感受到中华艺术之美。通过这些活动,培养学生用英语表述中国文化的能力和中西艺术作品的鉴赏能力,坚定文化自信,增强学生的民族自豪感。选择性必修第二册第四单元的主题是"Living with technology",教师在指导学生学习阅读篇章"Artificial intelligence:friendly or frightening?"和拓展阅读"Virtual reality"时,不仅仅要让学生了解人工智能、虚拟现实的概念、应用和发展,而且要拓展 AR、MR、XR 等最前沿的高科技名词。在此之上,还要介绍中国虚拟现实技术知名企业,进一步拓展到中国航天科技的 11 个大项目(地面舞台、威亚、火炬、冰立方、指挥监控、通信系统、地面显示系统、冰瀑、指挥中心、央视视频播放及虚拟现实、视频渲染机房)支撑 2022 年北京冬奥会浪漫开幕的信息。让学生了解到冬奥会开幕式是一场数字科技的盛宴,也是中国数字美学的一次飞跃。通过身边大事让学生直观地了解我国雄厚的科技力量,激发学生的爱国热情。

(四)创设主题语境的思政平台,拓展课程思政教学时空

网络平台在资源分享、学生互动等方面发挥重要作用。因此,教师要学会利用网络

平台摆脱时间和空间的限制,将与单元主题语境相关且具有正能量的教学资源,通过班级英语学习群等平台分享给学生,让学生们读文章、看视频、听音频。这样,学生在提升阅读理解和听力水平的同时可以获取一些积极的影响。比如,教师可以把习近平同志的新年贺词(双语全文),以及天和一号发射成功、天问一号成功着陆火星、神舟十三号3名航天员顺利进驻天和核心舱、2022年北京冬奥会开幕式等相关的双语新闻的网页链接等材料分享给学生。在分享这些材料的时候,不可简单地分享和发送链接,也不可单纯地提炼其中的生词、短语让学生们学习,而是要在英文视听内容中植入思政育人元素。比如,在分享2022年北京冬奥会开幕式双语新闻时,教师可特别强调有中国特色的倒计时——二十四节气倒计时,其与古诗词、古谚语融为一体,将神州大地的锦绣河山与冰雪健儿的飒爽英姿次第呈现。让学生在记忆二十四节气和相关诗句的英文表达的同时,能尝试自己用英语来讲述二十四节气的相关知识。在分享神舟十三号3名航天员顺利进驻天和核心舱的相关双语新闻时,教师可让学生了解航天员们成长成才的励志故事,了解祖国航天事业的发展和取得的伟大成就,并启发指导学生用英文写人物介绍短文。

学生撰写的英语短文和讲述的英语故事都可以通过各种软件等形式上传到班级英语学习群,依托网络平台实现资源共享,让学生在浸润式的环境中接受引领,大家相互交流,共同进步。教师的用心引导和评价,可以让网络平台更好地助力思政教育。

(五)创设主题语境的思政环境,丰富思政教育教学形式

英语教师应组织学生围绕时事政治、社会热点等,开展主题鲜明的英语演讲,结合教材和辅助教材的主题语境,开展英语诵读比赛、写作比赛、话剧表演、歌曲演唱比赛等活动,营造良好的思政教育氛围。这些活动不仅能提高学生的英语应用能力,还能提升学生们的思想境界,促进社会主义核心价值观的形成。比如,在英语书法大赛中,要求学生书写励志的名人名言。这一活动兼具文学性与思想性。又如,组织学生开展以"英语教材语篇中思政因素"为题的研究性学习。在这一活动中学生们认真研读课文和配套的拓展读物,收集美文佳句,并撰写读后感,活动效果良好。再如,组织"用英语讲中国故事"比赛,让学生感受中英文双语之美的同时,体会中华优秀传统文化,接受爱国主义教育。这些活动将知识扩展、能力提升、思想熏陶和价值引领融为一体,充分体现了英语课程思政的功能。

总之,开展高中英语课程思政的研究与实践探索,对于促进普通高中课程思政建设、拓展学校思政教育渠道、落实立德树人根本任务等方面意义重大。英语教师应不断

提高自身的思政意识和能力,在对学生进行语言知识传授和语言技能培养的过程中,充分挖掘主题语境引领下的语篇的思政育人元素,把思政教育融入教学全过程,帮助学生形成正确的价值观和积极的情感、态度,培养学生成为具有中国情怀、国际视野和跨文化沟通能力的社会主义建设者和接班人,真正做到润物耕心,育才养德。

思想政治元素融入高中英语课堂教学探究

刘荣臻　李慧君①

　　2021 年 3 月颁布的《中华人民共和国国民经济和社会发展第十四个五年规划和 2035 年远景目标纲要》中明确指出要坚持立德树人,增强学生文明素养、社会责任意识、实践本领,培养德智体美劳全面发展的社会主义建设者和接班人。为此,要以习近平总书记在全国高校教育大会上的讲话为指引,努力构建德智体美劳全面培养的教育体系,形成更高水平的人才培养体系。②

　　许小军提出,课程思政建设的内涵就是将思政元素注入专业课教学之中,将思政元素有机贯彻到专业课知识与技能教学过程中,从而构建专业课程思政、专业课程技能和专业课程知识"三位一体"的课程教学体系。③ 文秋芳则在更深层面上将外语课程思政建设的内涵理解为以英语教师为英语课堂主导,通过英语课程备课、课堂教学、课堂管理、课堂评价和英语教师课后反馈及作业布置等教学流程,向高中生潜移默化导入立德树人的教学理念并构建思政建设体系,从而引导高中学生树立正向正确的三观(世界观、人生观、价值观)④。这一内涵包含了四个要素:课程思政教育的落实者、课程思政教育的落实范围、课程思政教育贯彻的途径,以及课程思政教育的作用。

　　高中英语课堂教学是高中落实外语课程思政教育建设的主要渠道,应当将具体专业学科教学与课程思政教育有机结合,同时也要处理好这两者之间不统一、不平衡的现状。高中英语教育是当今"大思政"育人格局中不可或缺的重要环节,相关研究已呈现

---

① 作者简介:刘荣臻,女,湖北十堰人,湖南科技大学外国语学院在读研究生;李慧君,女,湖南益阳人,湖南科技大学外国语学院副教授。

② 《坚持中国特色社会主义教育发展道路 培养德智体美劳全面发展的社会主义建设者和接班人》,《人民日报》2018 年 9 月 11 日。

③ 许小军:《高校课程思政的内涵与元素探讨》,载《江苏高教》2021 年第 3 期。

④ 文秋芳:《大学外语课程思政的内涵和实施框架》,载《中国外语》2021 年第 2 期。

百花齐放之势。高中英语教学承担着英语思政教育的重要使命。

因此,朱毅和陈世润指出,将思政教育渗透在各门课程教学之中,才能真正实现全过程育人。① 高中英语是大多数高中学生的必修科目,具有教材资源丰富、课型多样、课程维度广等特点。探讨如何将思想政治元素融入高中英语课堂教学之中,对高中课程思政教育建设工作具有重要现实意义和发展价值。将思想政治元素融入高中英语课堂教学的过程中需要做到以下四点:①确立高中英语课程专业教学目标和课程思政目标;②培养高中生批判性思维,养成其反思型学习态度;③提高高中生辨别是非能力,增强高中生的文化自信心和民族自豪感;④注重高中英语课堂任务设计和高中英语教师课堂反馈语的多元化。

高中英语教师应该明确高中英语课程与思想政治课程之间的关系。有效教学得益于科学的教学目标,因此要明确高中英语课程教学目标和思政目标,并将二者有机结合,促进思想政治元素融入高中英语课堂教学。

一、确立高中英语课程教学目标和课程思政目标

《普通高中英语课程标准(2017 年版 2020 年修订)》明确指出普通高中英语课程的总目标是全面贯彻党的教育方针,培育和践行社会主义核心价值观,落实立德树人根本任务,在义务教育的基础上,进一步促进学生英语学科核心素养的发展,培养具有中国情怀、国际视野和跨文化沟通能力的社会主义建设者和接班人。

以上述普通高中英语课程总目标为基础,可以确立一系列切实可行的具体目标。如语言能力目标、文化知识目标、思维品质目标,以及学习能力目标等。

其中,语言能力目标要求提高高中生英语语言意识和培养高中生英语语感,从英语语言学的角度,对高中生开展英语语音、英语词汇、英语句法、英语语义和英语语用教学。英语教师要注重学生英语综合技能的培养,让学生听说读写各项技能综合发展,不能单方面或片面地开展教学。更高层面上,高中英语教师要提高学生的英语语言意识,要让学生学会结合自己所学的英语基础知识,理解口语或书面语语篇所要传达的意思,并能够在此基础上准确有效地使用英语语言与他人进行沟通交流。文化知识目标是指高中生不仅要学会基础的英语语言知识,还要学会理解英语语言的文化内涵,对比中英文化内在异同。高中生要清楚不同文化间存在差异是常事,重要的是,要形成正确的价

---

① 朱毅、陈世润:《高职英语教学中的思政教育体系构建研究》,载《职教论坛》2017 年第 32 期。

值观。要在学习借鉴西方优秀文化的同时,弘扬中华优秀传统文化并且与时俱进,不断推动中华文化向前进步。同时高中英语教师还应培养学生跨文化沟通的能力,要让学生学以致用,用所学英语知识来传播弘扬中华优秀传统文化。思维品质目标是指要培养高中生批判思维和辩证思维,让学生在学会基本的英语语言后,能够举一反三地提出创新性的观点和看法。例如,在高中英语教学过程中潜移默化地向学生展示归纳、演绎、推理等思维逻辑,促使学生养成独立判断和思考的习惯。同时还应引导学生理性地对待文化差异,对文化现象保持独特深入的思考和见解,而非人云亦云,盲目跟风。学习能力目标是指要明白学习英语这门语言的意义和重要性。首先,英语教师应该让高中生明确学习英语的目的,设立一系列学习英语的小目标并逐个落实。其次,高中英语教师应当尽可能多地向学生介绍学习英语的方法、渠道、资源。同时还应培养学生良好的英语学习习惯,例如,制订合理的英语学习计划,提前预习,课后及时巩固,运用适宜的英语学习策略及时监控调整学习进度和方法等。

课程思政主要目标是将思想政治教育元素,包括思想政治教育的理论知识、价值理念以及精神追求等融入各门课程,潜移默化地对学生的思想意识、行为举止产生影响。课程思政建设的本质是教育的一种形式,对学生开展教育并不仅仅是单纯地传播输送知识文化,在此之前要先培育学生的道德观念,教会学生明辨是非。高中教师要处理好立德树人和传道授业解惑之间的关系,二者相辅相成、有机结合才是我国秉持的教育理念。思想政治建设其实是教育人和培养人的工作,重点针对"教育出什么样的人才"和"怎样教育人才"的问题,落实文化教育和思政教育协同发展的优秀理念。要始终秉持立德树人、以德施教、以德立身、以德立学的理念,重视对高中生三观的塑造,例如,积极引领高中生确立正向的价值观、历史观和国家观、民族观,培养社会主义的建设者和接班人。

课程思政建设要结合中国现阶段的国情和当前国际发展的形势。当前国际社会意识形态领域复杂多变,课堂教学要大力贯彻落实课程思政教育,坚持以辩证法和唯物史观来教书育人,从而帮助高中生免受错误思潮和落后腐朽文化的侵蚀。课程思政教育对比其他教育的不同之处在于,它带有创新思维模式,并非片面传统地强调文化知识的灌输或是思想政治的教育,而是在高中思想政治理论课以外的其他专业课中融入思想政治元素。

作为高中英语教师,应当在坚持优良英语语言知识教学理念的基础上将高中课程思政建设目标和高中英语课程教学目标相结合。这两个目标是一个问题的两个方面,应当用批判性思维和辩证法理性对待这两个目标间的关系,一方面提高高中生英语语言知识与技能,另一方面着重培养高中生的文化意识,培养文化自信,借鉴吸收外来先进优秀文化的同时弘扬中华优秀传统文化。

二、培养高中生批判性思维和反思型学习态度

物质文明得以发展后,人们越来越重视精神文明的进步,这集中体现在各种思维和思考方式的不断更新与发展上。例如,近年来各个行业尤为重视批判性思维的培养和发展,尤其是教育行业。在高中英语课堂教学中批判性思维的塑造与运用是关键一环。我国学者黄华新与濮方平认为,批判性思维是一种创新型的思维,它体现了一个人独立思考和个性化看待事物的视角,以及敢于向传统理念和千篇一律的观点提出质疑的品质。何云峰则认为,批判性思维是个体保持理性思考和主动思考的过程,不受他人语言和思路的限制。批判性思维亦是推翻旧事物的过程,新事物的发展也就意味着旧事物的消亡,批判性思维是产生新的见解并不断完善新的观点。

对于部分高中英语课堂教学来说,当前英语课堂教学严重缺乏批判性思维的培养,教师有时会过多地关注语言方面的学习,虽有涉及思维层面,但涉及和落实程度不够。然而从实际情况来看,批判性思维可以很好地融入到高中英语课堂教学中。高中英语教师应该引导学生比较中英文化异同,吸取文化精华,辩证地看待中英文化。笔者观察分析发现,高中英语教学内容丰富且形式多样,高中英语教材新颖且紧跟时代的发展,这都为高中生批判性思维的培养提供了丰富的话题和素材。

《普通高中英语课程标准(2017年版2020年修订)》中要求高中英语教师培养高中学生的学科核心素养时要注重教学方式和教学内容的改变,务必要使课程设计的内容、教学方式与学科核心素养的培养不相冲突,适当保持一致。高中英语教师们在进行英语课堂教学时,要充分开发学生们的批判性思维能力和创新能力。

高中英语教师要在课堂上塑造平等开放的学习环境,因为高中英语课堂学习氛围一定程度上决定了能否正常寓批判性思维于高中英语教学之中。平等开放的课堂环境能够有效地促使学生表达自己的观点和看法,不同学生所传达出的不同理念与思想相互交流与碰撞,更能够促使高中生畅所欲言,取长补短。同时也能够发挥学生在英语课堂中的主体地位,让其能够自信大胆地分享对事物的不同看法。

因此,高中英语教师需要接纳学生不同的声音和想法,多给予学生表达的机会,多倾听学生的建议与心声,推翻自身不合时宜的固有观点,与时俱进。同时,高中英语教师要与学生建立良好的师生关系,建立课堂学习共同体,鼓励学生从不同的视角看待问

题。在英语课堂上要以学生为中心,在师生之间,生生之间不断展开批判性的对话,同时高中英语教师还要给予正确正向的引导和评价。

高中英语教师不可全盘否定或是打压学生的观点与想法,而要正确引导学生积极正向地思考问题,以鼓励式教学为主,其他教学手段为辅,关注高中生心理健康,创造良好的课堂氛围。此外,高中英语教师应关注教师与学生、学生与学生之间的交流,强调以学生为教学中心。高中英语教师要在高中英语教学中融入批判性思维,以开放的头脑来引导学生多角度、多层次地看待和分析问题,让学生能够在高中英语课堂上主动表达自己的意见与看法,最大程度地发挥学生英语学习的主动性,让学生在对比和观察过程中形成独立思考的习惯以及逻辑思维方式,不断地进行课堂自我反思并取得进步。

高中英语教师应积极引导学生多提问题,积极参与英语课堂讨论。例如,高中英语教材中一般在文本的后面有一些问题,这些问题的设置是为了引发学生的思考,以及促进学生对教材内容的理解。从难度上来看,其中既有从教材文本中就能找到答案的问题,也有需要学生进行深层次思考的问题。高中英语教师应该在英语课堂上引导学生积极地思考,在阅读教材文本的同时形成自己的观点,在文章中找到和自己的观点相似的文本。并且,高中英语教师应该对比教材文本观点和学生个人看法的异同,不能盲目否定或批评学生们新颖的想法,要引导学生讨论不同观点存在的合理性,从而提升学生的批判性思维能力。在上述过程中也会提升学生们认识问题、分析问题和解决问题的能力。教师要将高中英语知识技能教学、高中生能力提升、高中生价值观塑造有机结合,启发高中生在英语教学活动中学有所思和思有所得,落实立德树人的根本任务,培养出适应新时代发展且具有批判性思维能力的创新型外语人才。

简言之,高中英语教师们应该重视对学生们批判性思维和创新能力的培养,在英语课堂上,设计一些丰富且多元化的活动,在课堂活动中培养学生们的批判性思维。这样既能激发高中生学习英语的兴趣与热情,满足尊重学生个体差异、促进学生个体化发展的高中英语教学要求,又能够为学生们以后的发展提供一个良好的基础。

三、提高高中生辨别是非的能力,增强高中生文化自信和民族自豪感

文化意识目标是普通高中英语课程具体目标之一,同时高中英语学科核心素养组成部分里也重点强调了学生的文化意识。培养高中生正确文化意识和正向价值观念既体现了高中英语学科育人的意义,也有利于完成高中英语教学立德树人的根本任务。

高中英语课程思政元素并非凭空捏造,而是源于高中英语课程内容和高中英语教材。这就对高中英语教师提出了更高的要求,即教师要非常熟悉高中英语教材,上课前做好课程备课并对课本内容进行深度挖掘,提炼出符合社会主义核心价值观的思想政治元素。为此,高中英语教师必须通过对英语教学内容的深度理解,剖析出隐藏在教学内容中的思政元素,传达给学生,从而引起学生们情感价值层面的升华。

挖掘这些隐藏在教学内容中的思政元素,不仅能够实现高中英语知识传授、高中生语言能力培养和思想政治教育"三位一体",而且能使高中生用英语弘扬社会主义核心价值观、传播中华优秀传统文化。例如,在译林出版社出版的高中英语教材必修版第一册 Unit 3 "Getting along with others"中,高中英语教师不仅要在英语课堂中引导学生以积极的态度对待友情,还应引导学生辩证地看待友情中出现的问题和矛盾,并积极寻找解决方案,引导学生针对友情中出现的问题提出创新性的解决方案,树立正确的交友观念,明辨是非正误。

与此同时,高中英语教师应当重视学生文化自信的培养,使学生发现中华语言的魅力,能够理解语言和得体地使用语言。教师要引导学生在语言学习中了解不同国家间的文化差异,并在文化差异的对比与反思过程中坚守正确的文化意识和价值观念,增强民族认同感和自豪感,坚定文化自信。当今世界局势敏感复杂,要让高中生在经济全球化、政治多极化和文化多元化的浪潮中,抵制西方不良意识形态的侵蚀,避免崇洋媚外,养成批判性思维的同时树立文化自信,肩负起传播中华民族优秀传统文化、推动中外文化交流的时代使命,把握立场就显得尤为重要。要提高高中生跨文化沟通和传播中华民族优秀传统文化的能力,使高中生明确学习外语,是为了沟通交流,为了传播中华民族优秀传统文化到其他国家,同时把其他国家的优秀文化介绍到国内,促进不同文化间的共同发展。

以译林出版社出版的高中英语教材必修第二册 Unit 3 的 Integrated Skills 模板为例,笔者探索了如何在高中英语教材中挖掘中华优秀传统文化,引导高中学生探索、挖掘文化内涵,深化对中华民族传统节日的理解。Integrated Skills 板块的教学紧紧围绕"中华民族传统节日"这一中心,通过课堂上教师开展听说读写活动,引导学生深化对中华传统节日的理解。课堂上,教师可以先提问"Could you introduce a traditional Chinese festival?",引发学生对中华传统节日的回忆与联想。随后教师可以给学生补充完善每个中华传统节日背后的历史与文化,加深学生对传统节日的理解。英语教师可以带领学生们思考"Why do we celebrate these traditional Chinese festivals ?",以及"What is the importance of these traditional Chinese festivals ?"。这样可以让学生深刻理解中华传统节日存在的重要性和意义,认识到中华传统节日目前所面临的挑战,以及自觉积极传承中华传统节日的必要性,并顺利过渡到对传承中华传统节日的方法的讨论。同时,高中英语教师可以给学生设置教学情境:以小组为单位,从政府、媒体、高中学校和高中生四个主题出发,探讨如何推广中华传统节日。小组讨论后,教师可邀请小组成员代表,以英语口语演讲的形式进行小组展示,以促进学生英语口语水平发展,使学生认识到推广中华传统节日的重要意义,增强学生的家国情怀,培养学生的文化意识,坚定学生的文化自信。

因此将思想政治元素融入高中英语课堂教学势在必行。对高中英语教师而言,要做到提高自身修养,不断加强师风师德建设,做到以德立身、以德施教,以身作则,做好思想引导和行为示范。对高中生而言,思想政治元素融入高中英语课堂不仅可以帮助学生了解中外文化,增强文化自信,提高用外语讲好中国故事的能力,还能培养高中生成为德智体美劳全面发展的社会主义建设者和接班人。

四、注重高中英语课堂任务设计和高中英语教师课堂反馈语多元化

新课程改革提倡高中英语教学要以课堂任务为基础。高中英语教师要设计与教学内容密不可分的教学任务,引导高中生通过参与这些任务来完成对英语语言的学习。高中英语课堂任务的设计一定要贴近学生的真实生活,一定要符合学生的认知水平,同时也要与社会生活紧密衔接并具有现实意义。高中英语课堂任务的有序落实能够促成高中英语教学中思政育人目标的实现,也能够保障高中英语课堂教学的质量和水平。

例如,在高中英语课堂上教授 Language and culture 板块时,英语教师要合理设计课堂任务。在导入环节通过展示图片、音频或视频,引导学生对将要学习的内容展开联想与猜测。英语教师先布置头脑风暴的个人学习任务,引导高中生独立思考语言的定义、语言的形式、语言的作用等,该项任务能够使学生了解语言文化相关的知识背景。进而英语教师可开展小组合作探究学习。例如,讨论学习英语的原因和意义,对比汉语与英语语言文化差异等,在小组合作探究中培养学生跨文化意识,让学生学会用多元的视野看待中西语言文化差异,并正确对待语言文化的多样性,从而激发学生的爱国主义精神。高中英语教师请小组展示过程中,也可以请其他小组的学生进行点评,培养学生相互欣赏、相互学习、相互借鉴的习惯,这也能够促进学生之间的相互交流、共同进步。在跨国语言文化上引导学生相互借鉴的同时,还要培养学生的批判性思维,让学生学会吸

取其他同学的优点、闪光点,促进自身全面发展。在个人展示环节,高中英语教师可以设计英语演讲环节,将英语演讲与中国文化相结合,启发学生用英语讲好中国故事,弘扬中华优秀传统文化,彰显中华魅力。在高中英语课堂上教师应当注重中文和英文的有机结合,传授英语语言知识的同时,更要重视塑造高中生的语言文化学习观,将思政教育贯穿于高中英语课堂之中,把立德树人放在第一位。

高中生参与英语课堂任务和活动时,英语教师要给予及时有效的反馈。在教师话语中,反馈语发挥着关键的作用并对英语课堂教学具有重要意义。因此要将思想政治元素融入高中英语课堂教学,就要将思想政治元素渗透到教师课堂反馈语中。高中英语教师要以对话教学理论为基础,合理应用教师课堂反馈语,提高师生和生生对话频率,延长师生和生生对话时间,加强课堂上的师生互动交流,进一步提升教学效果。同时高中英语教师要注重提高课堂反馈语的质量。一是要提升课堂反馈语的有效性。避免学生回答问题后,给出笼统和含糊不清的反馈语,例如:"Good!""Well done!""No."。高中英语教师要给出清晰明确的反馈语,让学生知道自己的优势和具体问题所在。二是要优化课堂反馈语形式,注意培养高中生的辩证思维、批判性思维,在学生回答问题后,英语教师要给予辩证全面的反馈。例如:"You are good at organizing language, but you should improve your pronunciation."一方面要肯定学生做得好的点,另一方面也要指出需要提升的地方。这样可以潜移默化地影响学生,让其学会用辩证批判的角度来看待问题:一件事情要一分为二地看,不能过于片面和偏激。高中英语教师要将自己的课堂反馈语和思政教育理念充分结合,以促进高中生思维上的长远发展。三是要不断更新高中英语教师课堂反馈语,紧跟时代的发展,与时俱进。例如在学生回答完课堂问题后,高中英语教师可提出"Could you combine what we learnt with current affairs?",将课堂所学与现实生活中发生的事情相结合,引导学生类比地去看待生活中的实事,注重学生人文素养的培养。同时通过紧随时代发展的教师课堂反馈语,提醒学生留心自己身边的生活,关心国家和国际大事,树立正确的价值观。

英语教育要将学生的理论知识、实践能力和个人思想品质相结合。要在英语知识领域充分发掘思想政治教育资源,将思想政治元素融入高中英语课堂教学之中,培养新时代所需的人才,助力国家长远发展。

体育文化教育融入新时代高中英语
教学的路径探析

刘 旺 李 琳①

近几年,体育越来越受到国家及社会的重视。2022年北京冬奥会的成功举办,让全世界人民进一步领略了奥运的风采,我国不断提升对体育文化的重视。2019年,《国务院办公厅关于新时代推进普通高中育人方式改革的指导意见》中提出"德智体美劳全面培养体系进一步完善,立德树人落实机制进一步健全"的改革目标,学校要不断丰富校园体育运动项目和校园体育活动,引导学生加强体育锻炼,培养体育兴趣,养成运动习惯。2021年,《"十四五"体育发展规划》提出"2035年建成体育强国"的远景目标。国家体育总局政策法规司负责人对《"十四五"体育发展规划》的解读中提到,要强化体育领域思想引领,深入挖掘中国体育文化内涵,推动中华体育精神与社会主义核心价值观深度融合。②

新时代普通高中英语课程作为基础文化课程,具有工具性和人文性的双重特征,因此,其不仅注重对学生语言能力的培养,也同样强调学生文化意识的提升。体育文化是依赖于特定的体育活动和运动精神而产生的,它不仅关系到传统民族文化的传承,而且对于促进体育强国的建设和发展也具有重要的作用。在此时代背景下,将体育文化教育融入高中英语教学,是发展英语学科核心素养,实现学生全面健康发展,推动体育强国梦的重要举措。

---

① 作者简介:刘旺,女,湖南娄底人,湖南科技大学外国语学院在读研究生;李琳,女,湖南娄底人,湖南科技大学外国语学院教授,硕士研究生导师。
② 《国家体育总局政策法规司负责人解读〈"十四五"体育发展规划〉》,http://www.gov.cn/zhengce/2021 - 10/26/content_5644892.htm(2021年10月26日)[2022年11月6日]

一、寓体育文化教育于高中英语教学的新时代要求

德智体美劳是定位人的素养的重要考量,也是人类社会教育事业所趋向的总体目标。然而,在繁重的学业压力面前,部分青少年很少有时间进行规律的体育锻炼,对体育文化的了解也较少,对体育价值的把握不够到位。

2019 年《国务院关于实施健康中国行动的意见》公开发布,提出了普及知识、提升素养,自主自律、健康生活,早期干预、完善服务,全民参与、共建共享的基本原则。在健康中国行动推进委员会的组织领导,学校、社会各界各方的广泛参与下,青少年体质健康问题得到了广泛的重视。2020 年 8 月,为构建德智体美劳全面培养的教育体系,国家体育总局和教育部联合印发《关于深化体教融合促进青少年健康发展的意见》(以下简称《意见》)。《意见》依据"一体化设计、一体化推进"原则,从体系建设、思想认识、政策保障等方面进行了系统而全面的部署。《意见》强调体育教育的重要性,明确指出要加强学校体育工作,树立健康第一的教育理念,面向全体学生并帮助其在体育锻炼中享受乐趣、增强体质、健全人格、锤炼意志,实现"文明其精神、野蛮其体魄"的目标。同时,《意见》还强调除了体育必修课程外,中小学其他课程应结合学科、专业特点,有机融入体育文化教育内容。

新时代背景下,为培养德智体美劳全面发展的社会主义建设者和接班人,应将体育文化教育提升到和知识教育齐平的高度并倡导认真落实。因此,高中英语教学要发挥自身学科教育的特点,坚持将体育文化教育与高中英语教学有机结合,打破学科之间的壁垒,不断深化体教融合,积极探索在高中英语教学中融入体育文化教育的资源与路径,将体育与其他学科融合在一起,协同完善体育文化教育课程资源体系,认真落实立德树人的根本教育目的,全面推动学生向德智体美劳综合培育的方向发展。

二、寓体育文化教育于高中英语教学的新时代意义

体育教育之所以被列为我国教育综合发展的"五育"之一,在于体育教育与学生的健康成长和全面发展密不可分,青少年在成长过程中,健康始终是在第一位的。正如伟大教育家蔡元培先生所言,"完全人格,首在体育",学校发展体育文化教育不仅是为了增强青少年体质,也是为了弘扬体育文化,践行社会主义核心价值观。英语学科作为语言类学科,要使学生充分掌握语言知识,必须渗透文化教学,而将具有继承性、娱乐性、

新颖性的体育文化渗透到英语教学中,具有十分重要的意义。

（一）拓宽体育教育的培育路径,推进"五育融合"的全面实现

为全面贯彻落实习近平总书记在全国教育大会上的重要讲话精神,进一步深化体育教学改革,教育部于 2021 年 6 月印发《〈体育与健康〉教学改革指导纲要（试行）》。文件提出实现健全人格的目标,并指出要通过在体育教学过程中渗透社会主义核心价值观教育,培养学生的爱国情怀、社会责任感和良好的个人品质。全面把握体育的"育体、育智、育心"综合育人的价值。促进青少年德智体美劳综合发展是我国教育发展的基本趋势,高中英语教学也必须符合这一基本发展趋势,而"育智、育心"也较多地通过文化知识的传授实现,将体育教育与英语教学有机融合,无疑拓宽了体育教育的培育路径,使学生能从有限的体育课之外,了解和学习更多体育文化知识,进一步健全青少年人格。

新时代中国教育变革与发展的基本趋势已从"五育并举"演变为"五育融合","五育并举"强调的是"德智体美劳"缺一不可,倡导教育的完整性,"五育融合"则聚焦于实践方式,致力于在贯通融合中实现"五育并举"①。李政涛和文娟指出,"五育融合"的育人理念和思维方式,打破了以往各"育"割裂、分离的状态,各"育"之间的关联度将有所提升,最终形成教育合力。《深化新时代教育评价改革总体方案》中明确提出要促进德智体美劳全面发展。稳步推进高考改革,加快完善高中学生综合素质档案建设和使用办法,逐步转变简单以考试成绩为唯一标准的招生模式。可见,高考改革正在引导各学科重视"五育融合"。体育作为新时代基础教育的重要内容,英语作为重视文化传承的语言类学科,将体育文化教育与高中英语教学深入融合,构建多模式的体育教育路径,将体育文化教育落实于具体的教育教学环节,有助于青少年体育文化意识的培养和运动行为的发展,有利于"五育融合"的全面实现。

（二）促进青少年精神文明建设,推进健康中国的全面落实

体育文化指人们在从事体育活动中所获得的物质、精神的生产能力和创造的物质、精神财富的总和。因而体育文化在一定程度上体现了物质文明和精神文明,包含了社会、政治、经济、历史、风俗活动等内容,也蕴含了全民健身的诸多形式。体育文化教育能够促进青少年的精神文明建设,使青少年具备艰苦奋斗、顽强不息的优良品格,对于

---

① 李政涛、文娟:《"五育融合"与新时代"教育新体系"的构建》,载《中国电化教育》2020 年第 3 期。

塑造青少年良好的精神风貌,帮助青少年养成健康的生活方式具有积极作用。同时,将体育文化教育融入英语学习可以真正实现体育娱乐、文化传承和健康教育的结合,能在潜移默化中增强青少年之间的交流,起到春风化雨、润物无声的教育作用,为传播体育文化、加强语言学习、丰富青少年健康文明生活提供有力支撑。

"健康中国"发展战略重视实施中小学健康促进行动和全民心理健康促进行动,青少年的身体和心理健康缺一不可。[1] 在此发展战略背景下,加强体育文化教育建设,有效渗透体育文化和终身体育思想,能够提高青少年对体育文化传播的关注,让体育文化教育扎根于青少年群体中。将体育文化教育融入英语教学,并始终结合健康教育,这在很大程度上对青少年体育教学内容进行了创新,对于提高青少年对体育运动的兴趣有积极作用,可以使青少年积极参与到"健康中国"发展战略的宣传和实践中来,有利于"健康中国"的全面落实。

(三)促进国家文体软实力提升,推进体育强国的全面建设

21 世纪以来,我国竞技体育在国际舞台上取得了令世人瞩目的成绩,2008 年北京奥运会成功举办以来,我国逐渐进入世界体育强国之列,但是在群众体育、体育文化方面来看,我国仍然有较大发展与进步的空间。体育文化强国的塑造是建设体育强国的核心内容,而体育文化的融入与传播是建设体育文化强国的必由之路[2]。大多数学生从儿童时期就开始接受体育文化的教育,民族体育文化在其少儿阶段就开始生根发芽。在高中英语教学中融入体育文化,有助于提升学生的综合文化素质,了解并掌握体育文化相关的英文表达,而青少年学生是进行体育文化传播的重要群体,因此,体育文化教育和英语教学的有机融合,有助于我国体育文化的传播。

为实现 2035 年建成体育强国的远景目标,必须大力传承中华传统体育文化,推进中华传统体育文化的保护和传承,促进中华传统体育文化的创造性转化和创新性发展。语言作为文化重要组成部分,是重要的文化载体,在英语教学中,除了培养学生最基本的听说读写能力以外,文化导入也是非常必要的,文化的导入不仅有助于学生开阔视野、积聚知识,而且也能为学生进行更深入的学习和思考奠定基础。高中英语教学能给予中国传统体育文化足够的重视和长期的规划,并且在日常英语教学中对中华传统体育文化的翻译与教学予以倾斜,不断提升中华体育文化的社会价值,巧妙地融入社会主

---

① 李伟:《"健康中国"视域下青少年体育文化教育研究》,载《青少年体育》2020 年第 5 期。
② 冯莉:《"课程思政"理念融入体育课程的途径研究》,载《当代体育科技》2018 年第 29 期。

义核心价值观,那么当学生进入大学、步入社会后,便能更好地承担中国故事讲述者和中华文化传播者的角色,进一步推进体育强国的全面建设。

三、寓体育文化教育于高中英语教学的现状分析

体育文化活动是当代人提升自身人文素养的重要途径,人们可以通过体育文化活动更好地促进人际关系的协调,培养团队意识。新时期中国特色社会主义的发展充满了正能量,体育文化在当代中国的传播是社会主义核心价值观的有效载体。体育文化教育有助于促进个人的协调发展,生活质量的提高。但目前将体育文化教育融入高中英语教学中的实践非常有限,现状并非乐观,这主要是由部分学校体育文化教育功能发挥不足,部分教师缺乏渗透体育文化的意识,部分青少年自身的思想认识存在偏差所致。

(一)部分学校体育文化教育功能发挥不足

为培养中国特色社会主义事业建设者和接班人,拓宽体育教育功能,应以学校体育文化教育建设为载体,大力推进素质教育。①

学校体育文化教育的功能主要体现在三方面。首先,学校体育文化教育可以让学生了解体育的重要性,了解体育运动项目,并帮助学生根据自身体质、性格及能力等选择与自己匹配的体育运动项目。其次,学校体育文化教育能够促进学生心理素质的发展。体育文化教育能够让学生了解体育精神,激发学生的心理潜能、心理能量,培养学生克服困难的勇气和意志、乐观积极的品质,有助于学生更好地进行自我调节,并更好地发挥自己的潜能。最后,良好的学校体育文化教育对提高学生思想道德修养有重大意义。体育文化能在潜移默化中提升学生的思想道德修养,充分推动学校体育和思政教育事业的双向发展。

然而,目前部分学校对体育文化教育重视不足,体育文化教育的功能没有得到充分的发挥。部分学校没有意识到体育的重要性,在升学压力的影响下忽视体育文化教育,将时间倾向于其他学科的知识传授,以至于学生也更加重视其他学科的学习,忽视体育,无法养成坚持体育运动的习惯。部分学校体育文化教育不到位,学生由于对体育运动项目不够了解,也没有克服困难的勇气与意志,在面对部分学校体育运动时表现出畏

---

① 霍朋:《当代中国体育文化之思想政治教育功能研究》,武汉理工大学 2018 年博士学位论文。

难、逃避、厌烦的情绪。

(二)部分英语教师缺乏渗透体育文化的意识

在部分高中英语教学中,教学目标主要集中在听说读写等基本能力的发展上,缺少体育文化的渗透,甚至有些英语教师认为没有必要在英语课堂上渗透体育文化教育。有一部分英语教师在教学中会渗透一些体育教育的相关理念,然而这种渗透存在很大程度的随机性,并且部分教师在教学设计环节,没有考虑到体育文化教育。

部分教师教学模式和教学方法生硬、死板,难以融入学生的集体生活中,和学生之间有明显的距离感,因此难以发现学生发展的特点。一些教师将分数作为判断学生学习效果的关键,所以,部分学生将英语分数作为自身发展的关键。教师需要深究英语教学本质,密切关注学生发展的特点,而部分教师由于受到自身或环境等各种因素的影响,忽视了英语教学的独特性,在实际授课中,将语言知识点作为讲解的关键,缺少对于健康中国、快乐学习、传统体育文化背景、语言特色等一系列内容的详细分析。

(三)部分青少年自身思想认识存在偏差

青少年在观念、兴趣爱好、体育习惯等方面存在明显差异。一些青少年对体育文化和健康的生活习惯重视不够,对体育及其文化价值的认识仍主要停留在基础运动锻炼方面。从根本上来说,青少年的体育观和健康观需要积极的思想来引导。我国青少年体育教育工作取得了显著的成就,但仍存在诸多问题,体现为:部分学校体育综合价值没有得到有效发挥,在推动青少年体育发展中显"弱";传统的体校跟不上时代的需求,发展活力不足,显"残";青少年体育社会组织尚属起步阶段,各方面均显"嫩",尚不能支撑新时代青少年体育工作的发展。

当下,在一些高中里,与其他学科相比,体育在功能、作用和总体价值上发挥有限,德智体美劳中的"体"尚未得到全面的理解和对待,体育育人的作用没有发挥出来。一方面,仍有一些青少年把体育简单理解为"跑""跳""投",把体育的功能简单归结为强身体、增体质等。另一方面,一些青少年认为体育就是大众竞技项目,是在电视上看到的奥运会、锦标赛等赛事。这些片面化的、简单化的认识使部分青少年锻炼身体的内在动力不强,参加体育活动不主动,不积极,甚至导致部分青少年因担忧受伤等问题而拒绝参与体育活动。

四、寓体育文化教育于高中英语教学的路径探析

高中阶段的英语教育教学不仅要以知识学习为主,还要兼顾人文教育,教师应立足学科特点,积极拓展路径,整合资源,从立德树人的角度和层面有机融入体育文化教育。教师可以通过分析历年考试真题,并结合教材,找准体育文化教育融入英语教学的锚点,有针对性地开展教学。此外,教师自身需要广泛阅读,加强文化积累,从英语词汇涉及的浅层体育文化到不同历史背景、不同社会环境下的深层体育文化,都需要知其一二。然后在具体的课堂实践中,将自身积累的体育文化巧妙渗透到教学的各个环节,充分调动学生的学习积极性,提升其健康生活的意识。

(一)结合高考试题和教材,找准体育文化教育的锚点

在《深化新时代教育评价改革总体方案》中,深化考试招生制度改革是至关重要的一环,要构建引导学生德智体美劳全面发展的考试内容体系,改变相对固化的试题形式,增强试题开放性,并逐步转变简单以考试成绩为唯一标准的招生模式。2020 年高考英语命题贯彻落实国务院高考内容改革专题会议精神,依托中国高考评价体系,落实立德树人根本任务,促进德智体美劳全面发展,进一步深化考试内容改革,深刻体现出时代性,确保公平性,充分体现了高考立德树人、服务选才、引导教学的功能。

2020 年高考英语全国卷试题,选材围绕人与自然、人与社会、人与自我三大主题全面考查英语综合运用能力,体现立德树人时代特征,促进德智体美劳全面发展。其中亮点之一就是关注体育运动,倡导健康运动理念。2020 年全国 I 卷阅读 C 篇介绍竞走运动及其与跑步的不同之处;全国 II 卷短文改错语篇内容为欢迎外国友人到中国学习武术。2021 年新高考全国 I 卷第 6、7 段听力材料分别讨论了现场看足球赛的乐趣和散步的乐趣。这些语篇通过设置真实的语言情境,引导学生关注体育运动,提高锻炼意识,重视健康饮食。

锚点原是指服务于网页制作的一种超链接,它能够像定位器一样迅速地链接所需要的网页①。为了更好地在教学内容中融入体育文化教育,英语教师可以在分析历年高考试题中体育元素的基础上,在备课时识别教学内容中体育文化教育的锚点,将英语

---

① 张娟、甘紫萱:《劳动教育融入初中英语课堂的路径探索——以人教版八年级英语教材〈Go for it〉为例》,载《教师教育论坛》2021 年第 8 期。

教学与体育文化教育进行有机融合。在英语教学中渗透体育文化教育,绝非简单机械地将体育作为教学内容,而是在着重培养学生的英语学科素养的同时渗透体育文化,实现两个学科能力融合发展的目标。因此,找准教材中的体育文化教育锚点是教学取得显著成效的前提,例如,笔者梳理了四本高中英语教材中重点单元所包含的体育教育锚点(见表1)。教师可以根据锚点,将相关章节内容与体育文化教育结合起来,这样的教学方法不仅可以优化课堂氛围,还可以巧妙地渗透体育文化,促进学生的全面发展。

表1   高中英语系列教材体育教育锚点分布表

教材	学科主题	阅读主题	锚点	主要内容
人民教育出版社出版的高中英语教材必修版第一册	Unit 3 Sports and fitness	Living Legends	体育精神	通过阅读郎平和 Michael Jordan 两位体育健将的传奇故事,学习运动员锲而不舍、坚韧不拔的体育精神。并要求学生尽可能多地掌握关于精神品质的英文表达。
译林出版社出版的高中英语教材必修版第二册	Unit 2 Be Sporty, be healthy	A beginner's guide to exercise	运动的重要性	主要是从锻炼的好处、如何进行运动计划的设定、健康饮食以及避免运动伤害几个方面展开讨论。该文本与学生的实际生活紧密联系,学生能够从身体和心理两方面着手,有意识地进行体育锻炼,养成健康的生活习惯。
外语教学与研究出版社出版的高中英语教材必修版第二册	Unit 3 On the move	A game for the the world	热爱的体育运动	通过呈现运动主题视频,介绍英国流行的足球、板球、英式橄榄球、网球等,引导学生了解日常运动规则和益处,并推荐一项自己热爱的中国流行体育运动且说明推荐理由。
北京师范大学出版的高中英语教材必修版第一册	Unit 2 Sports and Fitness	The underdog	运动的重要性	文本着重介绍高中生 Jeremy 身体状况不佳,写信求助 Martin 医生,希望通过运动的方式改善身体健康状况,该文本可让学生了解运动对身体健康的作用,进而使更多的学生加入到合适的运动中去。

（二）结合体育相关词汇教学，积极渗透浅层体育文化

不同语言的日常用语在习惯上的差异会影响学生交际的流畅性。例如，play ball 译为"与某人合作"，学生在使用类似的交际语言时，往往受母语的干扰，用 play basketball 来套用该词，将其理解为打球。英语中，有许多和运动相关的成语、俚语。在球类比赛中，运动员们要目不转睛地盯着球，因此 on the ball 译为"机灵的、敏捷的"；在激烈而紧张的比赛氛围中，注意 keep the ball rolling，后来该短语引申为"不中断、继续下去"的意思。另外，have the ball at one's feet 表示"稳操胜券，大有成功的机会"，与保龄球有关的 bowl somebody over 指"令人惊讶"或"使人极为兴奋"，与赛马有关的 horse around 指"（骑着马瞎转悠）浪费时间，粗枝大叶"。篮球赛事中，slam dunk 原意为"大力扣篮"，后表示"巨大的成功；杰出的成就"。可见语言在交际中有习惯性的使用规则，这种规则指语言系统本身之外，包括社会、文化因素在内的运用语言正常交际的语用规则。英语教学不应该忽视这类词语的习惯性和规则性。

学生们或许热爱观看体育赛事，成功落下帷幕的 2022 年北京冬奥会受到了民众的极大关注，人们对冰雪运动有了更深层次的了解，但学生可能并不熟悉各项冰雪运动的英文表达和背后的文化故事。例如，滑冰类运动包括 short track speed skating（短道速滑），figure skating（花样滑冰），Skeleton［俯式滑冰（钢架雪车）］，speed skating（速度滑冰）。运动员要想在冰面上保持一定的速度滑行，必须使溜冰鞋的冰刀更锋利，否则就无法提速，相当于冰鞋白穿了，cut no ice 便是来源于此，指"不起作用，没有影响"。英语习语表达简洁、含蓄、深远，所以在英语教学中，教师应结合文化背景和典故，让学生更好地理解并感受体育文化的内涵。

（三）加强渗透深层体育文化，引导学生认同体育价值

深层文化，具体来说是指政治、经济、历史、地理、教育、宗教、文学、美术和音乐等。学生通过对深层文化的感受，能在了解某些历史或地理等方面事实的基础上，感受其思想内容，或在欣赏各种艺术形式的基础上，进一步提升自身的文化素养[①]。

引导学生了解产生语言的地域特征，能帮助他们更好地掌握这门语言。不同区域内，不同自然和社会条件下，体育文化现象的分布规律和特性的不同，是体育文化区域性的本质体现。rugby（橄榄球）是中国人的叫法，在英语中足球和橄榄球都叫 football。

---

① 颜志辉：《高职英语教学中体育文化知识的渗透》，载《山西煤炭管理干部学院学报》2009 年第 4 期。

橄榄球分英式和美式,英式叫 rugby football,美式叫 American football。后来,为了进行区分,称我们常说的足球为 association football 联合足球,简称 soccer。运动项目也具有区域性,加拿大、澳大利亚等海洋性气候国家,人们热衷于在驾驭风帆中展示人的智慧和力量,两个世纪前的一个冬天,加拿大人不甘屈服于冰天雪地,脚上绑冰刀,手持气罐在结冰的湖面上追逐击打圆木片,这个新游戏很快流行起来,并逐渐成为我们所熟悉的冰球(ice hockey)的前身,因为冰球在美国和加拿大很流行,所以说到 hockey,一般指冰球,而欧洲和其他国家将曲棍球简称为 hockey。

挖掘体育文化背后的音乐艺术。音乐发自于内心的激情,表达了音乐家真实的情感,这种激情会唤起欣赏者的共鸣。比如,历届奥运会主题曲都有其独特的民族性和时代性,因此,在教授涉及奥运会主题曲一课时,可以用北京奥运会主题曲——《我和你》导入新课,并列举各届不同奥运会主题曲,让学生在音乐的旋律中体会奥运会主题曲的奔放和热情,更深刻感受"更快,更高,更强"的奥运精神。在女子自由体操、花样滑冰、花样游泳赛事中都会有音乐进行伴奏,在2022年北京冬奥会花样滑冰的决赛中,我国滑冰运动员隋文静和韩聪夺冠的背景音乐《忧愁河上的金桥》为源自阿尔卑斯山的瑞士乔瓦尼乐队作品,以如梦如幻的清新自然的音乐表达了离别时候的依依惜别之情。教师可以在课堂上带领学生感受这些优美的旋律,帮助学生更加深入地理解体育文化,理解其中蕴含的人文精神。

结语

将体育文化教育融入新时代高中英语教学,是课程思政理念背景下的一项重要突破,也是响应习近平总书记在全国教育大会上重要讲话精神的一大举措。新时代英语教师的任务绝非简单机械地讲授语言知识,而是要承担学生文化价值引领的责任。教师通过找准教材中体育文化教育的锚点,在课堂中适时适当地给学生拓展浅层和深层体育文化,对于促进青少年的精神文明建设和实现学生德智体美劳全面发展有重大的推动作用,因此,将体育文化教育融入新时代高中英语教学的路径有待进一步探索与深化。

初中英语实施"课程思政"改革的
教学策略研究

覃小艳　李　琳①

2016 年 12 月全国高校思想政治工作会议强调了课堂教学的重要作用。② 各类课程(包括外语课程)要与"思政课程"并驱而行,达到"1 + 1 > 2"的效果,就要利用好课堂教学这个主渠道。③《义务教育英语课程标准(2011 年版)》(以下简称《课标》)指出,英语课程要有利于发展学生的语言运用能力、思维能力和综合人文素养。英语课程承担着提高学生综合人文素养的任务,即学生通过英语的学习,不仅可以增长知识和开拓视野,还可以形成良好的品格,树立正确的三观,培养爱国主义精神和民族精神。可以说,初中英语课程承担着学科"思政教育"的重要使命,在注重学科教学的同时也要与"思政课程"并驱而行。因此,初中英语教师如何在课程教学中有效地落实"思政教育"是一个值得探讨的话题。本文以前人的研究为基础,论述初中英语实施"课程思政"改革的可行性,并提出一些教学策略,希望为初中英语教学改革提供一些思路。

一、初中英语"课程思政"研究现状

本文使用可视化软件对初中英语"课程思政"的相关研究进行分析。在科研知识检索平台上,以"初中英语""课程思政"为主题检索 2016—2021 年的文献,通过整理与筛选,共检索出 11 篇相关度较高的文献。

为了了解各文献中关键词的重要性及关联性,本文利用可视化软件进行了关键词

---

① 作者简介:覃小艳,女,广西百色人,湖南科技大学外国语学院硕士研究生;李琳,女,湖南娄底人,湖南科技大学外国语学院教授,硕士研究生导师。

② 《把思想政治工作贯穿教育教学全过程 开创我国高等教育事业发展新局面》,《人民日报》2016 年 12 月 9 日。

③ 覃小艳:《外语教师课程思政能力发展可能性与必要性探析》,载《现代交际》2021 年第 10 期。

共现分析(如图1)。由图1可知,关键词主要围绕"初中英语""课程思政"这两个节点展开,由此引申出"立德树人""学科教学""德育培养"等子节点。因此,有学者对"课程思政"的价值意蕴和实践路径进行了探索。刘洪悦和贾竑结合教学案例进行了初中英语"课程思政"路径的探讨,认为全方位地转变教学方法和教学评价,充分利用教育资源,创设课堂活动将有利于"思政"教学的落实。① 王丽娜从"课程思政"是一种课程观的理念出发,认为初中英语"课程思政"的价值意蕴是《义务教育英语课程标准(2011年版)》的体现,其目的是促进学生德育的发展。②

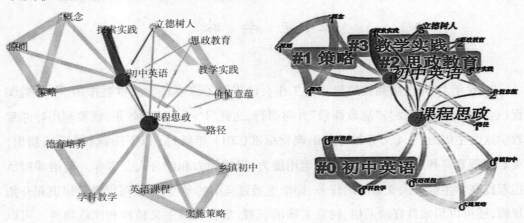

图 1　关键词共现图谱　　　　　　图 2　关键词聚类图谱

在关键词共现图谱的基础上,进行关键词聚类分析,共得到#0 初中英语、#1 策略、#2 思政教育、#3 教学实践四大聚类(如图2)。由图2可以看到,每一聚类下的关键词都具有较强的相关性,同时各聚类还能反映初中英语"课程思政"研究的热点和趋势。由此可知,近几年初中英语"课程思政"的研究主要集中在思政教育、教学实践及策略等方面。进一步研讨图谱中的关键词的节点、年份及在图谱中的作用,发现"路径"这一节点既连接着"课程思政",也连接着"初中英语",因此初中英语实施"课程思政"的"路径"将会是今后值得关注的点。因此,本文基于可视化软件进行科学分析,在已有研究成果的基础上,探究初中英语"课程思政"的路径。

二、初中英语实施"课程思政"改革的可行性

从某种意义上来讲,初中英语实施"课程思政"改革是英语课程内在本质的要求。

①　刘洪悦、贾竑:《课程思政在初中英语课堂中的应用》,载《英语教师》2020 年第 12 期。
②　王丽娜:《初中英语"课程思政"的价值意蕴、现实困境与实现路径》,载《教师教育论坛》2021 年第 10 期。

"课程思政"既是教学内容和教学目标的一部分,也是教学内容和教学目标的外延和拓展。因此,立足于综合语言运用能力,依托于课程教学内容能够使初中英语"课程思政"得到实施,从而实现育人价值,落实立德树人根本任务。

（一）立足综合语言运用能力,落实立德树人根本任务

初中英语实施"课程思政"改革可以立足于综合语言运用能力,落实立德树人根本任务。综合语言运用能力是义务教育阶段英语课程目标之一,综合语言运用能力的形成建立在语言技能、语言知识、情感态度、学习策略和文化意识等方面整体发展的基础之上。① 其中,文化意识体现了英语学科教学的价值取向。② 以培养学生文化意识为目标而设计的教学有益于培养学生的国际意识,通过教学,学生能够比较、鉴别不同的文化,获得文化知识,理解不同文化的性质,加深对中华民族优秀传统文化的认识与热爱。除此之外,其他几个方面在初中英语教学中也必不可少。通过英语教学,学生的学习由最初的语言接触转向了语言运用(语言接触—语言学习—语言运用),形成了综合的语言运用能力,与此同时,还能够提高学生的学习能力,增强创新思维品质,形成正确的价值观及人生观,增强爱国主义精神。因此,初中英语最终的教学目标与"思政课程"的育人目标同向同行,即达到立德树人的目的,这也使得初中英语实施"思政育人"有了可行性。

（二）依托课程教学内容,实现教书育人

初中英语实施"课程思政"改革可以依托课程教学内容具有的"思政元素"资源,实现育人价值。《课标》中也指出,教师可以对教材进行二次开发,丰富课程教学内容。课程教学内容不仅仅是知识教学的载体,它还蕴含着丰富的"思政元素"。"思政元素"指课程教学内容所蕴含的良好的"三观"、品格及性情,以及所折射出的思维品质及家国情怀等。这些思政元素以知识的方式得以呈现,又通过知识的教学、学习与探讨得到解释。因此,初中英语实施"课程思政"改革可以以课程教学内容为基点,挖掘及拓展其中的"思政元素",实现教书育人。

---

① 中华人民共和国教育部:《义务教育英语课程标准(2011 年版)》,北京:北京师范大学出版社。
② 刘洪悦、贾竑:《课程思政在初中英语课堂中的应用》,载《英语教师》2020 年第 12 期。

三、初中英语实施"课程思政"改革的教学策略

"课程思政"是一种课程观,是教师在教学全过程中应该有的课程理念,"思政教育"不能被简单地理解为"思想政治教育"。因此,初中英语实施"课程思政"改革应该以学科教育为基础,让学生自然而然地接受"思政教育"。本文以人民教育出版社出版的初中英语教材八年级下册为研究对象,以问题导向的教学法和任务型教学法为理论依据,探讨初中英语实施"课程思政"教学的策略。

（一）以问题为导向,激起学生共情

以问题为导向的教学法(简称PBL教学法)采取的是一种将学习置于问题情境中,让学生通过合作,探讨其隐含的科学知识的教学方式。PBL教学法指导下的教学强调教学的情境化以及学生的协作交流,以培养学生的自主学习能力和沟通交流能力为目标,这有助于"课程思政"在英语课堂中的渗透。首先,以问题为出发点的课堂让学生成为探索的主体,课堂让位于学生,学生在问题的情境中寻找答案,可培养初中生自主学习的能力;其次,群体性的学习可使处于可塑性较强阶段的初中生在交流中习得和深化语言知识,在学习过程中培养合作学习的能力;再次,教师精心设计的一些课堂问题也可起到"思政教育"的作用;最后,以问题为导向的教学设计和课堂活动设计,可使知识传授与"思政教育"无缝衔接,实现"学科＋思政"的教育目标。

以Unit 1"What's the matter?"的Section A为例。本节的教学目标是以"What's the matter?"为中心话题,让学生通过学习能够用英语表达身体的不适,学会正确地处理生活中遇到的紧急事件。除此之外,从Section A(3a)的教学内容中可以引申出尊老爱幼、见义勇为及助人为乐的中华传统美德"思政"元素。因此,教师可以在完成第一课时Section A(1a～2d)教学内容的基础上,在第二课时Section A(3a～4c)实施学科"思政"教育。可以以"What's the matter?"为中心点,结合when/where/who/how(4W)向学生询问3a材料中在何时何地何人发生了何事,又如何解决。这样既能让学生通读材料了解大意,还能为学生提供创造话题和解决问题的情境。在此之前,教师要将学生分为若干组,让学生明确课堂讨论的规则,即当教师抛出一个问题时,小组内要进行思考探讨,小组间要进行分享交流,然后各小组选出代表陈述自己的观点。

在学生完成第一个任务之后,教师可以在课堂上播放2014年春晚小品《扶与不扶》视频,以问题"What is the difference between the two stories?"为驱动,让学生展开思

考与讨论,找到这两个故事之间的共性与个性,激起学生的共情。在进行讨论之前,教师可以从"思政"的角度引导学生挖掘人物的闪光点与优良品质,这样既能让学生快速地进入"思政"话题,也实现了素材的"思政"教育。最后,教师在学生展示成果的基础上,补充未被挖掘的"思政点",如,初中生应以"扶"为光荣,以 bus driver and passengers 为榜样,传承中华民族的优良传统与美德。以此为例,初中英语"课程思政"可以以"思政点"设定问题情境,进行组内思考探讨、组间分享交流、各组展示成果的活动,然后由教师进行补充分析汇总,最终深化主题,回归"思政点"。

(二)以任务为驱动,体验学习过程

以任务为驱动是一种依托于学习任务和情境的教学方法,教师、学生、任务是三大要素,教学任务的情境贯穿始终。郭绍青认为,教师创设教学情境并设计学习任务是任务驱动教学法的前提。① 以讲授为主的初中英语教学课堂单调乏味,如果再加上"思政"元素的讲解,教学效果将会大打折扣。因此,借助任务驱动教学法的优势,可以有效地激发课堂的活力,让学生主动探索、体验学习过程,并能够有条不紊地学习具有"思政"意义的教学内容。首先,教师以任务驱动教学法为指导,基于教学目标及教学内容,设计具有"思政"意义的任务及活动。然后,教师要在课堂上创设任务情境,让学生组成任务小组,在教师的陪伴和帮助下利用已有知识进行合作探索并完成任务。最后,教师要进行总结评价,完善未被探索的"思政"知识点,从而在任务完成的过程中达到"思政教育"。

以 Unit 7"What's the highest mountain in the world?"的 Section A 为例。本节的教学目标是学生能够了解著名的世界景观,能用比较级和最高级谈论"世界之最",学会用事实和数字对其进行解说。在此基础上,教师可以根据课文内容添加具有"思政"意义的教学内容,如 Section A(2a~2d)中提到了 The Yangtze River 和 Great Wall。基于此,可以添加"通过学习,学生能够了解我国壮丽山河和优秀的历史文化古迹,并能够用英语简单地描绘出来"的思政内容。课前教师可布置导学任务,要求学生了解长江和万里长城的相关知识,尝试用英语对其进行介绍,并根据自己的所思所想对其中的一个景观进行介绍与评价。

课中教师可根据学生课前完成任务的情况进行分组,将完成任务较好与完成任务不太好的同学分到同一小组,这样在后续的学习中可以起到优势互补的作用。任务一:

---

① 郭绍青:《任务驱动教学法的内涵》,载《中国电化教育》2006 年第 7 期。

教师播放 Section A(2a)的听力,小组合作根据录音完成选词填空,为学生制造任务情境,同时通过此任务使学生初步感受我国文化的魅力。任务二:教师播放长江、万里长城的视频片段,让学生在视觉上感受其宏伟壮观,播放结束后教师要对其进行系统的介绍;在教师的指引下,学生就视频片段、教师讲解和课前任务进行小组讨论,每一小组要说出与这两个景观相关的诗歌、散文或歌词等等。此项任务可让学生体验学习的乐趣,自主感受和描绘我国自然景观和历史文化古迹,这样既完成了教学任务,又使学科教学与"思政教育"进行了无缝衔接。任务三:教师就学生提交的作品进行点评,评出优秀作品并在各小组内进行传阅,利用学生思想去影响学生,加强学生对本节课主旨的感知。在以任务为驱动的教学指导下,教师作为"思政"的引导者,贯穿学生学习任务的始终,使学生得到"思政教育"的同时,完成本堂课的教学目标。

四、结语

"课程思政"正在逐步发展,实施"课程思政"改革是大势所趋,是初中英语教师要面临的新挑战。以问题为导向,以任务为驱动仅是初中英语"课程思政"教学策略中的一部分,"思政教育"的开展需要教师具有挖掘"思政"元素的能力和一定的学科理论基础,从学科理论出发,探索教学内容中的"思政"元素,找到课堂教学中"思政"教育的切入点,使"学科"和"思政"能够无缝衔接,在教学中既完成学科教学的任务,也完成"立德树人"的根本任务。

积极心理学视角下中学英语课程
思政现状及增效路径

魏月琴①

积极心理学改变了单以消极心态解读人的心理现象的状况,这个以人的潜力、善端为出发点,通过调动人内心的积极品质,提高人的幸福感的科学理论与课程思政的目标不谋而合。它启示广大英语教师要在教学中深入贯彻"双聚焦"理念:既聚焦语言教学与学习的结果也聚焦师生的个体幸福感。② 然而,当下我国部分中学英语课程思政育人效果不佳,重要原因在于一些教育者受技术主义取向的教学观念影响,对学生情感、人格、思维等方面的发展不够重视,所以有必要认真理清当下一些中学英语课程思政中存在的问题,以一种全新的视角创新中学英语课程思政的实施路径。

一、积极心理学与外语课程思政

(一)积极心理学

积极心理学是致力于研究人的发展潜力和美德等积极品质的一门科学,也是一种心理学思潮,旨在用有效的实验方法和测量手段研究人内在的力量与美德③。积极心理学包括三方面内容,即积极的情感体验、积极的人格特质、积极的机构。积极的情感体验主要聚焦于个体或集体对希望、兴趣、乐观等积极情感的体验。积极的人格特质聚焦于特定情境下那些能够促进个体正向发展的具体的积极人格特质。积极的机构则聚焦于如班级、学校等组织的积极心理状况。积极心理学研究的一大原则是通过各种有

① 作者简介:魏月琴,女,四川遂宁人,湖南科技大学外国语学院在读研究生。
② 徐锦芬:《外语教育研究新趋势:积极心理学视角》,载《英语研究》2020 年第 2 期。
③ 任俊:《积极心理学》,上海:上海教育出版社 2006 年版。

效的积极心理干预措施对上述层面进行实验,从而达到利用积极情感、积极人格以及积极机构对抗消极情绪,提升个体幸福感的目的。

纵观近几年的相关文献,关于积极心理学的理论和实践研究成果日趋丰富,进行相关研究最多的领域是教育理论与教育管理,其次是心理学、高等教育等,外语教育领域的相关研究尚处于起步阶段。如果从实践启发的角度考察积极心理学和英语课程思政教育各要素之间的相互作用,我们定会从中获得有助于提升课程思政育人效果的启发。

(二)外语课程思政

课程思政与思政课程是两个不同的概念,后者指各思想政治理论课,而前者是一种教育理念,它发挥各门学科课程(思想政治课除外)的价值引领作用,以发展性为根本标准,体现课堂教育涵养。文秋芳将外语课程思政的内涵解读为:以外语教师为主导,通过外语教学内容、课堂管理、评价制度、教师言行等方面,将立德树人的理念有机融入外语课堂教学各个环节,致力于为塑造学生正确的世界观、人生观、价值观的思政教育。[①] 其中,"立德树人"的基本内涵主要包括三个方面的内容,即博大精深的中华优秀传统文化、五彩缤纷的世界优秀文化、内涵丰富的时代精神与人类命运共同体思想。[②]英语教研领域已围绕课程思政开展了大胆探索,进一步扩大了研究范围,不断创新研究思路,已深刻意识到贯彻落实外语学科课程思政理念对中国外语教学发展的意义。

(三)积极心理学与英语课程思政的关系

一方面,两者在目标上具有契合性。中学英语课程思政是教师和学生双向互动的过程,教师在致力于探讨如何让学生受到各种正能量熏陶的同时也需要激发他们的内在情感,以积极的产出为导向强化他们的优秀品质,促进其语言知识、思维能力、道德品质协同发展,这在一定程度上与积极心理学的目标具有一致性。另一方面,积极的价值传递需要正确的理论指导,积极心理学的理念能为中学英语课程思政的有效实施提供方法指引。积极心理学视角下的英语课程思政意味着我们不仅要正确发挥教师对学生的人格引领作用和尊重学生独特的见解,还要让学生在真实的语境中通过亲身的体验,实现价值观的领悟与升华,使学生获得新的认知系统。

---

① 文秋芳:《大学外语课程思政的内涵和实施框架》,载《中国外语》2021 年第 2 期。
② 刘正光、岳曼曼:《转变理念、重构内容,落实外语课程思政》,载《外国语》2020 年第 5 期。

二、中学英语课程思政实施现状

个别中学英语课程思政在"大思政"背景下和国家"三全育人"倡导下实施。个别地区存在教师"教书"和"育人"脱节的问题。① 英语课程思政育人效果提升方面出现的问题主要表现在教师、教材、教法、学生四大方面。

(一)个别教师的思政意识和素养需要提高

有学者对某高中 30 名英语教师(随机选取)对课程思政的看法和实施方法进行了问卷调查,结果显示,虽然该校教师对课程思政的内涵和重要性有大致了解,但涉及教学实践时,个别的态度是相对消极被动的。② 此外,经学者调查研究,个别英语教师缺少对前沿教育理念的涉猎,对课程思政融入的重视度不够③,此外,也存在思政素养不高的现象。英语课程思政的顺利实施要求英语教师在充分理解其实质内涵的基础上,有意识地挖掘课程所蕴含的思政元素,并以恰当的方式将其融入英语教学的各个环节、各个方面。可见,教师的思政意识和素养是中学英语教学的要点。提高中学英语教师课程思政认知程度,提高教师课程思政素养,是保障学生坚定政治立场、树立正确的三观、传播和实践正能量的前提。

(二)部分教材中思政元素不足

教材是育人育才的重要依托,一套高质量的教材能使英语课程思政育人效果事半功倍。青少年若能通过教师合理的引导建立"自我同一性",他们就能更明确自我角色,防止社会角色混乱。由此看来,青少年时期是进行价值观教育的最佳时期,此时具有丰富思政元素的英语教材能起到至关重要的作用。一套高质量的英语教材应该同时站在英语学科本质和英语课程育人的角度,以立德树人、启智增慧为指引,以素养立意。因此,有必要优化教材内容,因为它关系到教学过程的方方面面,具有整体集成性。④

(三)个别英语课堂教学模式不够灵活,教学方法较为单一

受传统应试教育的影响,个别英语学科教学更重视词汇、语法的讲解和操练,把背

① 肖琼、黄国文:《关于外语课程思政建设的思考》,载《中国外语》2020 年第 5 期。
② 李亚轩:《高中英语课程思政建设路径探讨——以××高中为例》,山东师范大学 2021 年硕士学位论文。
③ 张先姣:《乡镇初中英语课程思政教育策略研究》,陕西理工大学 2021 年硕士学位论文。
④ 刘正光、岳曼曼:《转变理念、重构内容,落实外语课程思政》,载《外国语》2020 年第 5 期。

诵作为主要的教学方式,对学生自主性的重视不足。① 英语学科核心素养中培养思维品质的目标要求教师在课程思政实施过程中恰当地运用启发法,使学生通过自主分析、比较、推理等思维活动做出有价值的判断。但部分教师仍沿用口头总结和升华文章的方法,教学方法比较单一,对学生思维主动性的发挥不够重视。② 因此有必要创新教学模式、更新教学方法,由"讲"转变为多元化教学方法的运用,促进育人理念和行为的时空延展,引导学生从自己所处的环境中感受、理解、提炼思政元素,从对知识的浅层理解转变为对知识意义的深层探索。

(四)部分学生课堂参与度较低

英语课程思政的成效主要表现在学生对思政元素的内化与实践上。而学生对课程思政的参与度很大程度上受其文化自信的影响,一些学生在课堂上能积极与教师互动,而另一些学生往往不屑参与此过程。田超的研究发现,虽然大部分学生对中国传统文化持乐观态度,但部分学生对其重视不够,对异国文化思辨能力较弱。③ 究其原因,我国部分中学生更多地把注意力放在以升学考试为最终目的的语言能力提升、文化知识积累上,他们在课堂中会有意识地过滤掉与考试或者升学无关的内容,有的甚至会因为课堂上英语词汇、语法知识学习时间的减少而对教师有目的的思政教学产生抵触心理。怎样让学生积极参与到思政中来,用"显隐结合"的方式提升英语课程思政的育人效果,于无形中增强学生的文化自信,提高学生的参与热情,让学生思政素养的提高与英语能力的提升协同并进是中学英语教师们需要思考的问题。

三、积极心理学应用于中学英语课程思政的适切性

让学生获得积极的情感体验,在各类积极人格的感染下自主提高自身思政素养是英语课程思政育人效果提高的突破口。所以,积极心理学与中学英语课程思政具有适切性,具体表现在以下三个方面。

(一)响应国家"三全育人"号召的要求

"全员育人、全过程育人、全方位育人"(简称"三全育人")教育理念是落实课程思

---

① 刁亚军、刘世珍:《学科英语混合式教学中的思政育人实践探索》,载《外语学刊》2021 年第 6 期。
② 李亚轩:《高中英语课程思政建设路径探讨——以××高中为例》,山东师范大学 2021 年硕士学位论文。
③ 田超:《课程思政在初中英语教学融入的现状调查研究》,伊犁师范大学 2021 年硕士学位论文。

政的有效路径。其中"全员育人"意味着没有旁观者,人人都应该参与到立德树人的过程中来;"全方位育人"就是将第一课堂、第二课堂、第三课堂联通;"全过程育人"指育人贯穿学生入学到毕业整个过程。① "三全育人"的顺利进行需要教师正确运用积极心理学思想,在学生发展的不同阶段都要关注学生身上的爱国、友善、乐观、坚强等积极品质,拓宽思政元素挖掘渠道,发挥协同效应,以统筹推进英语课程思政的落实。

(二)提升学生课堂积极性的要求

董辉依据积极心理学幸福模型构建的基本思路,得出提高青少年自我情绪管理能力、完善其价值理念体系、提高其主观能动性的发挥水平有助于提高青少年幸福感以及增强幸福感的持久度。② 青少年正处于身心变化显著的阶段,他们褪去了童年时的幼稚,能够面对更加抽象的理论知识,处于价值观和人格形成的关键期,根据中学生心理发展特点,这是培养他们积极品质(如爱国、敬业、创新等)至关重要的阶段。但这个阶段的学生由于情绪、情感波动较大,比较难接受教师在英语课堂上的思政输入,这就要求教师在学生人格发展特点的基础上结合积极心理学理论,合理选择和运用多元化的教学方法,进一步提升学生的课堂积极性。

(三)培养新时代外语人才的要求

随着全球化进程的加速,中国对外经济文化交流的迫切需求使英语教学在中国教育事业中一直居于重要地位,由此,除了高等教育外,中学英语教育肩负着为国家培养具有国家意识、人文情怀、国际视野、跨文化意识与能力、思辨能力的新时代外语人才的重任。教师要通过英语教学使学生具有辩证看待不同国家和地域文化的能力。这就要求教师恰当地运用积极心理学的核心理念,让学生在创设的语境中感受思政元素的真实内涵,发挥积极人格的带头作用,营造一种积极的语言和人文氛围,让学生置身于优秀文化中,感受传统文化的魅力,为培养符合时代要求的外语人才奠定有效基础。

四、积极心理学视角下的中学英语课程思政增效路径

开展积极教育,可从积极的人格特质、积极的学习体验、积极的学习产出三方面出

---

① 邱若娟:《"三全育人"须涵盖教育每个环节》,《中国科学报》2021年11月30日。
② 董辉:《积极心理学视角下青少年幸福感研究》,载《北京青年研究》2021年第2期。

发,以积极心理学的三大研究支柱和当下中学英语课程思政实施过程中存在的问题为导向探寻增效路径。

(一)开展榜样教育,拓展课程思政内容

在青少年的社会性发展过程和自我成长过程中,榜样的作用非常重要。在英语课程思政中发挥榜样作用的目的是:通过这一特殊的价值载体,让青少年学习效仿优秀人物及其身上的优秀品质,对青少年实行鲜活的价值引领和塑造,拓宽思政元素来源,克服思政元素挖掘困难的问题。

1. 以教师自身为榜样

落实课程思政关键在于以教师的师德师风为模范,发挥教师自身的知识、品德的榜样作用。教师要做到行为举止得当,掌握广博的知识,提升自己的人格魅力,不仅要在英语课堂中引入优秀教师的榜样事例,也要以自己的优秀品质熏陶学生。在英语课堂上能对学生起到榜样示范作用的教师具有以下特点。第一,具有较高的英语专业素养。教师一口地道的发音,丰富的英语词汇量,深厚的中外文化知识储备都能激起学生的敬慕之情。第二,教师行为彰显人文性。首先,英语教师要具备平等的意识,即平等对待每个学生。其次,教师要和蔼可亲、不急不躁。再次,教师行为的人文性表现在教师正向积极的师表上,即要求学生做的,自己首先力行。最后,教师的求真务实精神(严谨、踏实等)也是学生优秀品质的来源。

2. 以同伴群体为榜样

从学生生活中选取榜样,更能引起学生的共鸣,也更具有效仿的可能性。[①] 青少年在其社会性发展和成长过程中都有着自我提高的内驱力,将身边优秀学生的榜样事迹融入英语教学中,对规范他们的知、情、意、行具有重要意义。选取学生身边具有积极人格的学生作为榜样,如"英语演讲小达人""回答问题积极王"等,让学生看到他们身上所具备的优秀品质,可以激起学生"他可以,我也可以"的坚定信念。以2020年译林出版社出版的高中英语教材必修版第一册 Unit 1 阅读部分"Realizing your potential"为例,教师在讲解"Two ways of realizing one's potential."时,可以选取身边学生的典型事例,例如,让在自己努力下成绩取得进步的学生分享自己学习的"小窍门"等,让学生树立发挥潜力、增强毅力、迎接高中生活挑战的意识。但并不是只有成绩优秀的学生才能当典范,那些具有积极品质(自律、乐观、细心等)的学生同样能促进其他学生建立积极的

---

① 张梦:《浅析道德榜样教育融入思政课教学》,载《改革与开放》2020年第11期。

情感,树立积极的人格品质。

(二)利用混合式教学模式,优化英语课程思政环境

混合式教学模式不是线上与线下教学的简单相加,而是两者的整合与超越,它在育人理念、育人目标、育人环境、育人路径等宏观层面与课程思政具有高度的契合性。[①] 利用混合式教学模式的优势,充分挖掘显性和隐性思政元素,有效整合教学资源,注重主题意义的探究,将学习活动设计为课堂教学的基本组织形式,可实现学生语言能力和思政素养的提升。

1.营造建构型的教学环境

建构型的教学环境包括硬件环境和软件环境。当今世界正处于以信息技术为核心的大变革时代,英语教师要相应地创新信息化条件下的教学方式,在混合式教学模式下实施英语课程思政,有效发挥物联网、移动通信、人工智能等技术的作用,充分利用校内语音室、录播室、智慧教室等辅助性教学资源,或在网上共享教学资源。此外,教师要有效利用教材,为学生创造丰富多彩的学习环境,组织学生进行更有趣味性的教学活动,给予学生与同伴互动的机会,使教学不仅更加贴近学生生活,而且更具有挑战性。

2.基于混合式教学模式的英语课程思政教学设计

以译林出版社出版的高中英语教材必修版第二册 Unit 3 阅读部分"Alex around the world"为例。该语篇是两篇旅行日记,从旅行作家的视角介绍了印度婚礼习俗和里约狂欢节的盛大场面。学生在学完该课后不仅要提升对异域文化的理解能力,还应对比中外习俗,学会用英语介绍中国优秀传统文化。下面以该课的教学实施环节为例,采用融入榜样教育的混合式教学模式来探讨英语课程思政的实施方法。

①课前学生自主学习

教师课前在线上(学校创办的教学软件或者网站等)发布本单元的微课,让学生认真观看后完成以下两个任务:一是了解印度婚礼和里约狂欢节有哪些特点,并根据自己对文本的理解尝试完成课后"Understanding the text"中 A1 部分的相关流程图;二是自主查阅相关资料,分析中外婚礼的不同之处,准备一段 120 词左右的英语发言稿。在整个过程中,学生都可以在线上与同学或教师交流阅读感受,讨论阅读疑惑。此环节的设计不仅能有效锻炼学生的自主学习能力,还能让其在比较中外文化过程中提升自身思辨能力,学会尊重他国文化,坚定文化自信。

---

① 岳曼曼、刘正光:《混合式教学契合外语课程思政:理念与路径》,载《外语教学》2020 年第 6 期。

②课中产出、互动、查漏补缺

产出比输入更能激发学生的热情,使学生认识到提高自身语言能力和文化素养的重要性。① 课堂开始时,教师可通过导入视频《印度婚礼全过程》和《里约狂欢节》创设真实的语言环境,让学生在视听结合过程中感知多元文化,激发学习兴趣。然后带领学生精读文本,一起交流学生提前完成的 A1 部分,进行查漏补缺。随后教师可让学生自愿上台分享自己了解到的相关信息,并发表自己对中外婚礼习俗差异的看法,再邀请其他学生尝试用英语就该学生的观点发表评价和看法,此环节不仅能有效监督学生课前自主学习情况,还能通过学生思维的碰撞深入了解其内心世界,为日后有针对性地教学做准备。另外,如果学生有词汇、语法、信息掌握不全等方面的问题,可先请其他同学进行纠正补充,教师再进行最后的补充总结。通过以上的文化比较、同伴互评,可让课堂成为学生展示自我的舞台,同时也可以提升学生对文化的鉴赏能力,让思政元素自然地融于语言教学中。

③课后巩固拓展知识

为有效将育人理念和行为进行时空延展,提升思政教学的层次,教师可帮助学生进一步拓展知识,了解其他国家的特色节日或风俗,让学生以语篇主人公 Alex 的身份和口吻写一篇游历其他地方的日记,或创作一张有关自己最喜欢的中国传统节日(如春节、元宵节、端午节等)的插图,并将学生作品分享到班级群,由群成员进行网上投票,选出最佳创作,以引导学生学习中国优秀传统文化。这样,学生的想象力和创造力在教师有意识的培养下得以发挥的同时,还能培养其文化自信。

(三)推动教—学—评一体化,完善评价机制

有力推进教—学—评一体化对教师的教、学生的学以及学的效果具有重要意义,对培养学生核心素养、实现学科育人具有十分重要的意义。② 英语课程评价如果不涉及思想政治内容,教师在分析、使用教材和设计教学活动时就很容易忽视相关内容。

1. 完善针对教师的评价

针对教师的评价中应包括一定的思想政治教学评价,使教师自觉地将思政元素渗透于教学设计和教学实践中。首先,除了传统的评价外,也要把同事、专家、学校的评价包括在内,以观察教师是否在日常英语教学中自觉融入思政元素。其次,要看教师是否

---

① 文秋芳:《构建"产出导向法"理论体系》,载《外语教学与研究》2015 年第 4 期。
② 王蔷、李亮:《推动核心素养背景下英语课堂教—学—评一体化:意义、理论与方法》,载《课程·教材·教法》2019 年第 5 期。

积极利用了教材中的显性思政资源,看其是否创造性地挖掘、提炼、归纳了隐性思政资源,最大化地提升思政育人效果。从教育部门和学校的角度出发,要将思政教育的评价纳入对中学英语教师的综合评价中,定期组织英语课程思政教学技能大赛,选拔优秀教师进行教学示范和经验分享,集思广益,促进思政教学的交流和探讨,以探索出更好的可行性策略。

2.加强实施对学生的思想政治评价

仅对学生的语言知识和能力进行评价违背了"全人教育"理念,不利于学生的全面和终身发展。教师要从思政内容出发,结合学生发展的阶段性特点,丰富对学生的评价内容,以德育为先。对学生的思想政治评价要符合教学目标的要求,促进教—学—评一体化。首先,教师在评价学生课堂表现时应结合形成性评价的方法,注重过程,突出评价的激励作用。其次,应采取灵活多样的定性评价方法以提高英语学科的育人功能,可利用描述性的语言对学生通过思考、分析、推理获得的语言结果进行及时且积极的评价,提高学生参与课程思政的积极性。最后,指导学生积极参与自我评价和同伴评价,鼓励他们从各单元思政主题的角度认识自己、反思自己,从而内化语言学习过程中的情感、态度、价值观,达到在生活中自我监控、自我调节的目的。

五、结语

要想解决当下中学英语课程思政中存在的一系列问题,围绕"立德树人"的根本任务展开教育工作,就应从一个崭新的角度找准思路。积极心理学与课程思政的目标具有高度契合性,因此可从积极的情感体验、积极的人格特质、积极的机构三大方面探索增效路径。积极的情感体验与积极的人格特质方面,既要重视提升教师的课程思政素养与能力,合理发掘榜样身上可以实现思想启迪与价值引领的优秀品质,又要革新传统教学方法,有效采用信息技术支撑下的混合式教学模式;机构方面,关键是要完善评价机制。积极的情感有助于我们重新审视认知视角,寻找跨学科视角下解决部分现实问题的突破口。最后,要从优化情感的维度来促进英语课程思政提质增效,广大中学英语教师也应在正确内化课程思政的基础上,敢于从跨学科视角积极创新教学策略,以解决现存于中学英语课程思政中的问题。

论课程思政视角下高中英语中华优秀传统文化类写作专题教学的必要性

谢 帆 李 钥①

英语课程思政是指在学校教育过程中教师以课程为载体,将思想政治教育融入英语的知识教授和能力培养当中,有计划、有目的地设计相应的英语教学活动,落实立德树人的根本任务,进而提高我国人才培养质量的思政教育。课程思政紧紧围绕学生的理想信念、家国情怀和文化素养等,全面系统地对学生进行思政教育。将课程思政融入高中英语教学,有利于发掘英语教学素材中的中华优秀传统文化,也可以在一定程度上促进高中英语教学的本土化。在高中英语教学中进行中华优秀传统文化类写作专题教学,有利于学生积累更多的中华优秀传统文化知识,感悟中华优秀传统文化的内涵,更好地传承和弘扬中华优秀传统文化。这既有利于落实英语课程思政,也有益于培养学生的英语学科核心素养。学校教育是我们进行教书育人的主要途径,要想更好地落实立德树人的根本任务,必然要开展课程思政。②《普通高中英语课程标准(2017年版2020年修订)》提出,普通高中英语课程的具体目标是:要通过英语学习,培养和发展学生的语言能力、文化意识、思维品质、学习能力等学科核心素养。文化意识的培养是提高学生英语学科核心素养的重要内容之一,英语写作是学生感悟文化内涵、吸收文化精华、输出文化内容和提高自身跨文化交流能力的重要途径。英语写作是一个比较复杂的过程,要求学生具备一定的英语综合能力。学生所具备的文化意识、语言基础以及相关的认知基础都深深地影响着英语写作的过程。

纵观部分高中英语教学,我们可以发现写作教学是教师最容易忽视的一部分。部分教师通常会把英语的词汇、语法和阅读作为教学重点,英语写作教学内容相对比较

---

① 作者简介:谢帆,女,河南鹿邑人,湖南科技大学外国语学院在读研究生;李钥,女,湖南长沙人,湖南科技大学外国语学院副教授,博士,硕士生导师。

② 王伟、肖龙海:《中小学外语课程思政建设的困境与路径》,载《教育理论与实践》2021年第29期。

少,这在一定程度上会直接影响学生的英语写作水平。目前在一些高中的英语写作教学中,有关中华优秀传统文化方面的写作主题比较少,这导致了部分学生在这类写作方面存在一定的问题。另外,在一些高中,中华优秀传统文化类英语写作教学方式比较单一。教学方式的选择和应用是课程教学的重点,在相关主题的英语写作教学过程中,忽视了中华优秀传统文化的渗透,会使整个写作过程流于表面,导致部分学生写出来的文章缺少内涵。在中学英语教学中开展中华优秀传统文化类写作课程,不但能够有效提高学生的英语写作能力,还可以使学生了解中华优秀传统文化,有效地培养学生的英语学科核心素养。所以,基于高中学生英语学习的实际需要和发展,教师进行高中英语中华优秀传统文化类写作教学非常重要。

一、目前的高中英语中华优秀传统文化类写作现状

近年来,教育部多次发布中华优秀传统文化走进中小学课堂的相关文件,在各学科中进行的中华优秀传统文化教学逐渐增多。深入分析高考英语试题中涉及中华优秀传统文化的作文题目,有助于引导高中英语教师落实中华优秀传统文化教育。目前,我国高中英语教学中也更多地融入了中华优秀传统文化,但多体现在阅读教学中,对此类写作教学还不够重视。

(一)高考英语中华优秀传统文化类写作的梳理与分析

高考对于学生而言是非常重要的升学考试。通过分析近几年的全国高考英语试题可以发现,新课标全国试卷对中华优秀传统文化类的写作考查次数越来越多,且相关性越来越强。

近5年高考英语真题中涉及中华优秀传统文化的作文主题如表1-1:

表1-1

年份	作文主题
2021年全国甲卷	中国传统文化
2019年全国Ⅰ卷	中国画
2018年全国Ⅰ卷	做客习俗 餐桌礼仪
2017年全国Ⅰ卷	唐朝历史 唐诗
2017年全国Ⅱ卷	中国剪纸艺术展

从上表可以看出,高考英语试题直接对中华优秀传统文化相关内容进行写作方面的考查,以2021年全国甲卷为例,设定了"你校计划举办介绍中华优秀传统文化的主题班会"的背景,让学生给外国友人写封信,向外国友人询问哪些方面的中华优秀传统文化更能吸引他们,要求学生写出有关中华优秀传统文化的作文。这篇英语作文直接考查了学生的中华优秀传统文化类写作能力,但并没有具体到哪一个方面,具有一定的开放性,学生可以根据自身的相关知识储备进行写作。通过此类写作可以提高学生对中华优秀传统文化的认识,引发学生对中华优秀传统文化内涵的思考,使学生能够深入地思考如何弘扬中华优秀传统文化。2018年全国Ⅰ卷中的英语作文具体考查了做客习俗和餐桌礼仪,学生要对餐桌礼仪的相关内容进行介绍。在新时代的背景下,这些题目的设置有助于学生坚定文化自信。因此,教师在开展高中英语写作课程时,要注重中华优秀传统文化类写作的相关教学,要根据高中英语课程标准和英语教材中的内容确定中华优秀传统文化类写作教学的主题,并做到系统全面。

这些高考英语写作主题都体现了对学生用英语介绍中华优秀传统文化能力的考查,彰显了国家对学生传承和弘扬中华优秀传统文化的重视,其目的主要是让学生掌握中华优秀传统文化的相关内容、感悟中华优秀传统文化的内涵、坚定文化自信,同时也明确了在高中英语教学中开展中华优秀传统文化类写作教学的重要意义。将课程思政教育有效融入高中英语教学是新时代对教师提出的要求,高考英语试题对中华优秀传统文化在高中英语教学的融入方面起到了重要的参考作用。高中的英语教学应该努力探寻与中华优秀传统文化教育有机融合的实践途径,精心创设与中华优秀传统文化教育相关的情景,深度挖掘中华优秀传统文化教育元素,全方位渗透中华优秀传统文化教育,促进学科核心素养的发展。[①]

(二)高中英语中华优秀传统文化类写作教学现状

随着国家一系列关于中华优秀传统文化进入中小学课堂的文件的发布,中华优秀传统文化便更多地融入了高中英语教学。目前新课标高考英语作文中多次对这部分内容进行考查,考查时设置真实的场景,要求考生在学习英语的同时,注重传承与弘扬中华优秀传统文化。高中英语中华优秀传统文化类写作教学逐渐展开。以下是高中英语中华优秀传统文化类写作教学学生调查问卷表和高中生中华优秀传统文化英语知识水平测试。

---

① 杨秀丽:《传统文化在高中英语写作教学中的渗透与应用研究》,载《高考》2020年第31期。

高中英语中华优秀传统文化类写作教学学生调查问卷表

亲爱的同学：

你好！本问卷是针对中华优秀传统文化类写作教学研究而设计的,你的回答不会对你的学习和生活造成任何影响,你可以轻松作答。你回答的真实性对于我们研究的准确性具有重要意义,请同学按照实际情况仔细填写,谢谢你的合作！

年级　　　　　年龄　　　　　性别　　　　　所在学校

1. 你对中华优秀传统文化是否感兴趣?（　）

　　A. 非常感兴趣　　B. 比较感兴趣　　C. 一般　　　　D. 不感兴趣

2. 你了解英语课标中关于培养学生中华优秀传统文化意识的相关内容吗?（　）

　　A. 非常了解　　　B. 了解　　　　　C. 不太了解　　D. 不了解

3. 你喜欢中华优秀传统文化类写作教学吗?（　）

　　A. 非常喜欢　　　B. 喜欢　　　　　C. 一般　　　　D. 不喜欢

4. 你觉得在英语课堂上进行的中华优秀传统文化类写作教学多吗?（　）

　　A. 非常多　　　　B. 比较多　　　　C. 一般　　　　D. 不多

5. 对你来说,中华优秀传统文化类写作难度如何?（　）

　　A. 很难　　　　　B. 比较难　　　　C. 一般　　　　D. 不难

6. 你觉得中华优秀传统文化类写作的难点是什么?（　）

　　A. 词汇　　　　　B. 语法　　　　　C. 写作技巧　　D. 中英文化差异

7. 你认为目前的中华优秀传统文化类写作教学课时安排如何?（　）

　　A. 非常多　　　　B. 多　　　　　　C. 一般　　　　D. 非常少

8. 你觉得目前的中华优秀传统文化类写作教学可以满足学习的需要吗?（　）

　　A. 非常可以　　　B. 可以　　　　　C. 一般　　　　D. 不可以

9. 你觉得自己对于写中华优秀传统文化类作文所需要的英语词汇掌握程度如何?（　）

　　A. 非常好　　　　B. 好　　　　　　C. 一般　　　　D. 不好

10. 你觉得自己哪个方面的中华优秀传统文化类写作掌握得比较好?（　）

　　A. 饮食文化　　　B. 景点文化　　　C. 服饰文化　　D. 节日文化　　E. 其他

11. 通过中华优秀传统文化类写作教学,你认为自己学习目标的完成情况是（　）。（多选）

　　A. 了解了中华优秀传统文化相关的表现形式

　　B. 掌握了中华优秀传统文化类写作所需的词汇、句子表达

　　C. 能粗略地完成中华优秀传统文化类写作

D.能较好地完成中华优秀传统文化类写作

12.你对中华优秀传统文化类写作教学有什么建议？

高中生中华优秀传统文化英语知识水平测试

亲爱的同学：

你好！本次测试旨在了解高中生中华优秀传统文化英语知识水平。本次测试结果只供研究分析之用，采用不记名的方式，不会对你的学习成绩产生任何影响，请你放心完成。请根据自己所掌握的知识在90分钟内独立完成，若有不会的题目可以不予作答，但请勿查阅词典或者相互商量，以确保真实性。谢谢你的合作和支持！

年级　　　　　年龄　　　　　性别　　　　　所在学校

一、将下列汉语翻译为英语。（30分）

1.汉字

2.中国画

3.红茶

4.重阳节

5.剪纸

6.灯笼

二、将下列英语翻译为汉语。（30分）

1. the Palace Museum

2. gunpowder

3. Lantern Festival

4. Chinese knot

5. traditional virtues

6. places of interest

三、将下列句子翻译为英语。（15分）

1.用筷子指向别人是不礼貌的。

2.中秋节是重要的传统节日。

3.长城是人类创造的伟大奇迹之一。

四、书面表达（25分）

假如你是李华，要邀请英国好友Allen到中国共同庆祝新年，请你给他写封邮件，具体内容应该包括：

1.时间和地点

2.活动的相关安排

3.新年的习俗

注意:1. 词数在 100 左右;

  2. 可以适当增加一些细节内容,以使行文连贯。

  通过对某高中高一学生进行问卷调查和知识水平测试可以发现,超过 90% 的学生对中华优秀传统文化类英语写作比较感兴趣,但是普遍认为高中英语中华优秀传统文化类写作有一定的难度并且认为自己掌握程度一般,其中词汇和中英文化差异是难点,语法和写作技巧方面比较困难。而且,学生们认为英语课堂上进行中华优秀传统文化类写作教学并不多,课时安排相对较少,不能满足自己的学习需要。学生们对中华优秀传统文化类英语写作教学的建议是,希望多开展此类教学,可以增加服饰、礼仪、饮食等方面的教学,尽可能丰富此类英语写作教学内容,增加一些实践的机会。另外,学生们希望教学方法生动有趣,教学形式新颖多样。中华优秀传统文化英语知识水平测试包含四种题型,分别是:中文短语翻译、英文短语翻译、中文句子翻译和英语写作。通过分析该测试的结果可以发现,80 分(百分制)以下的学生占总人数的 80% 多,其中中文句子翻译和写作得分率比较低,可见学生的语言综合运用能力比较弱。由此可见,这些学生的高中英语中华优秀传统文化类写作水平不高,目前该高中英语课堂上的中华优秀传统文化类写作教学并不多,不能满足学生的学习需要。因此,要想提高学生的中华优秀传统文化类写作水平,开展高中英语中华优秀传统文化类写作专题教学尤为重要。

二、高中英语中华优秀传统文化类写作教学的意义

  近年来,高考英语中华优秀传统文化类相关内容所占比例越来越大。在高中英语课堂上进行中华优秀传统文化类写作专题教学是新时代提出的新要求,其在提高学生英语写作水平的同时,也对于培养学生的文化意识有着重要的作用,同时有助于弘扬中华优秀传统文化,坚定文化自信,加强民族自豪感。

(一)开展中华优秀传统文化教学是国家教育政策的要求

  近年来,开展中华优秀传统文化教学是我国基础教育的热点。为了更好地贯彻和落实党的教育方针政策,2021 年教育部发布了《中华优秀传统文化进中小学课程教材指南》。开展高中英语中华优秀传统文化类写作专题教学,不仅能够推动写作教学的创新,而且对于思政教学的发展也有一定的促进作用,满足了当下学生的发展需要,是增强学生对中华优秀传统文化认同感的必然要求。随着我国国际地位的不断提高,中华优秀传统文化越来越受全世界的欢迎。在英语课堂上进行此类写作教学,可以提高

教师和学生的文化素养,有利于帮助学生用英语讲好中国故事,弘扬中华优秀传统文化,提升文化自信,进一步将中华优秀传统文化发扬光大。

(二)增强学生的文化意识是落实英语学科课程标准的要求

《普通高中英语课程标准(2017年版2020年修订)》指出高中英语课程的总目标是培育和践行社会主义核心价值观,落实立德树人根本任务,在义务教育的基础上,进一步促进学生英语学科核心素养的发展,培养具有中国情怀、国际视野和跨文化沟通能力的社会主义建设者和接班人。在素质教育的背景下,中华优秀传统文化类写作教学扮演着重要的角色,促进了学生综合能力的提高。因此,将思想政治教育融入高中英语教学,把学习知识、培养能力与思想教育紧密结合,是实现立德树人的重要手段。在高中英语教学过程中,教师应该帮助学生掌握相关英语基础知识和基本技能,并发展学生的跨文化沟通能力,为他们传播中华优秀传统文化创造良好的条件。语言和文化之间的关系密不可分,作为教师要加强两者之间的联系,让学生在了解外国文化的同时,提高英语的运用能力。通过拓宽学生英语学习的知识范围,让学生进一步理解中华优秀传统文化,提高学生跨文化交际的能力。作为英语教师,在课堂上要为学生传播中华优秀传统文化创造条件,并提供一个更好的学习平台。教师要在英语教学的过程中注重培养学生的文化意识,这样学生才能充分认同和肯定中华优秀传统文化的意义和价值。

《普通高中英语课程标准(2017年版2020年修订)》提出,要求学生学习并初步运用英语介绍中国传统节日和中华优秀传统文化(如京剧、文学、绘画、园林、武术、饮食文化等),具有传播中华优秀传统文化的意识。要感悟中华文化在世界舞台上的重要地位,形成正确的价值观,并自觉传承和推广中华优秀传统文化。在高中英语的课堂上,教师们需要改变传统的教学理念,让学生更好地掌握中华优秀传统文化。要加大文化输出的力度,落实新课标中在英语课堂上传承中华优秀传统文化的要求,深化教学方法的改革,培养教师的教学研究能力与创新意识。因此,进行高中英语中华优秀传统文化类写作教学有利于实现培养学生文化意识的目标,提高学生学科核心素养,增强学生文化自信,为国家培养能传播中华优秀传统文化的人才。

(三)丰富学生的文化图式,提高学生的中华优秀传统文化类写作水平

英语写作是一个复杂的思维创造过程。文化图式是人们大脑中有关文化内容的基本结构块,即人们基于经验已在大脑中形成了的有关文化的知识结构。随着时间的推移,学生在成长过程中,大脑中会不断储存相应的文化图式。随着学生自身认知的发

展,大脑会持续建立新的文化图式,并且将其与原来的文化图式结合在一起,逐渐形成一个更大的文化图式网络。[①] 高中英语写作通常要求学生根据指定话题,运用自己关于这个话题的已有的知识,组织语言进行写作。学生的文化图式越丰富,说明学生大脑中储存的文化相关内容越多,进行中华优秀传统文化类写作就相对容易一些。中华优秀传统文化类写作中的语言贫乏问题源于学生的文化语言图式的不足,写作内容的空洞源于文化内容图式的不足,写作不够连贯源于文化形式图式的缺失。写作作为一种语言输出,既是语言表达形式也是语言创作形式,体现了学生的语言综合运用能力。所以在高中英语中华优秀传统文化类写作教学时,教师要帮助学生构建相应的文化知识图式,并且采用恰当的方式来刺激、激活它,这样才能调动学生的写作兴趣,让英语写作成为一个学生主动参与的过程。在英语课堂上开展高中英语中华优秀传统文化类写作教学专题,可以直接增加学生相关知识的输入,丰富学生的文化图式,进而提高学生的中华优秀传统文化类写作水平。

（四）提高学生的跨文化交际能力

随着全球化的发展,中国的国际地位不断提高。英语是世界上使用最为广泛的语言之一,是很重要的交流工具。我们要用英语讲好中国故事,传播好中国声音,这要求我们必须具备一定的跨文化交际能力。在素质教育的背景下,不但要注重学生英语知识的积累,培养学生掌握英语相关的技能,还应该注重多元化的教学,将日常教学与跨文化交际紧密结合,实现中外文化的有效结合,让学生在学习英语的同时,也可以用英语表达中华优秀传统文化,进而提升学生用英语讲中国故事的能力,让学生逐渐具有优秀的语言综合素养。《普通高中英语课程标准（2017 年版 2020 年修订）》中指出,文化意识的培养是中学英语教学的主要任务之一,了解中外文化的差异,掌握一定的跨文化交际方法是高中生应该具备的英语能力。目前,部分学生不能很好地用英语表达中华优秀传统文化,其主要原因是学生的中华优秀传统文化知识积累不够,这在很大程度上影响了学生的跨文化交际能力。在高中英语课堂上进行此类写作教学,可以培养学生的文化素养,促进学生的知识积累。同时,可以帮助学生提高英语表达能力,深刻感知文化之间的差异,在对比中提高对中华优秀传统文化的认识,从而在一定程度上提高学生的跨文化交际能力,培养新时代能传播中华优秀传统文化的社会主义建设者和接班人。

---

① 魏锦云：《基于图式理论的高中英语读写教学研究》,载《课程教育研究》2018 年第 52 期。

三、结语

近年来,中华优秀传统文化教学是我国教育的热点。在高中英语课堂上开展中华优秀传统文化类写作专题教学是非常有必要的,这既是我国教育政策的落实,又是课程标准和英语学科核心素养的要求,也是课程思政的要求。其有助于学生在进行跨文化交际时,传播中华优秀传统文化,讲好中国故事,坚定文化自信。因此,作为高中英语教师,要充分认识到中华优秀传统文化写作教学的价值,在此类写作教学的同时,有效传播中华优秀传统文化,实现课程思政的教育功能。

初中英语阅读教学中融入课程思政的路径探索与实践困境

谢玉欢①

随着素质教育的推行,国家越来越重视思想政治教育,在思想政治教育建设过程中逐渐形成了课程思政这一理念。近年来,课程思政已经成为教育界进行思政教育的重点之一,是学校落实立德树人根本任务的实践创新,对课程思政的探索逐步由理论研究转向实践。

课程思政建设过程中,专业课程应与其他思政类课程携手并进、协同发展,共同推进思想政治建设进程。外语教学是我国教育教学的重要组成部分,外语课程思政是全方位实现思政建设的重要环节。由于外语教学本身具有鲜明的特殊性,其直接面向外国文化价值观念,因此与文化传承、价值养成有深刻关系。所以初中英语阅读教学过程中教师既要教授语言知识,又要重视中华优秀传统文化、中国特色社会主义思想、社会主义核心价值观的相关教学。

在新时期的教育教学中,我们要培养出富有家国情怀、立志为中国特色社会主义建设奋斗终生的有用之才。鉴于当前我国部分初中英语教学主要集中于语言知识的教学,对学生为人处世、家国情怀的教育稍显不足,所以当下外语教学中课程思政的引入不可或缺。外语教育中文化价值常常渗透在语言之中,因而阅读教学是初中英语教学中进行课程思政的重要部分。本文立足课程思政内涵,结合初中英语阅读教学,探讨课程思政视域下初中英语阅读教学实践路径与困境,旨在为课程思政和初中英语阅读教学的融合提出建议,为全国外语教师进行更深入细致的外语课程思政实践提供参考。

---

① 作者简介:谢玉欢,女,湖南衡阳人,湖南科技大学外国语学院在读研究生。

一、初中英语阅读教学中融入课程思政的必要性

初中阶段是学生认识社会、适应社会、发展个人价值观的重要阶段,英语阅读文本囊括多姿多彩的世界文化,蕴含着丰富的课程思政素材。初中英语阅读教学不仅是扩充学生词汇量、培养学生阅读技能的重要手段,还是有效发展学生批判性思维、培养学生正确价值观的关键渠道,因此课程思政在初中英语阅读教学中的应用符合当前发展实际。本节将从课程思政内涵、课程思政实施的迫切性以及实施意义三个方面论述初中英语阅读教学中融入课程思政的必要性。

(一)初中英语阅读教学中融入课程思政的内涵

课程思政在初中英语阅读教学中的应用,即通过对英语阅读文本的学习、理解和深度剖析,挖掘其中蕴含的思想价值与精神内涵,联系生活实际、具体事例弘扬社会主义核心价值观、中华优秀传统文化,实现知识学习与价值塑造和谐发展,增长学生的知识,培养学生正确的政治立场,塑造学生正确的价值观,落实立德树人教育目标。

(二)初中英语阅读教学中融入课程思政的迫切性

语言和文化之间存在着十分密切的关系。文化是语言的底座,语言是文化的载体,是文化的一部分。① 外语学习过程不仅仅是词汇、语法的习得,知识技能的增长,还伴随着语言背后思想文化、政治观念的渗透和影响。齐鹏飞认为,要根据学科特色和优势,深入提炼专业知识中蕴含的思政价值和精神内涵。②

英语专业课程的学习过程中,英语阅读学习是初中生接触外来文化的主要渠道之一,受年龄因素的影响,初中生可能会对国外一些文化盲目崇拜。在这种文化学习的背景下,英语阅读教学中思政理念的引入十分迫切,意义不言而喻。

(三)初中英语阅读教学中融入课程思政的深远意义

英语阅读教学不仅是学生掌握词汇、习得语言的重要途径,更是对比中外文化、培育和践行社会主义核心价值观的重要载体,是落实中华优秀传统文化进教材、进课堂、

---

① 束定芳、庄智象:《现代外语教学——理论、实践与方法》,上海:上海外语教育出版社1996年版。
② 齐鹏飞:《课程思政:各门课守好一段渠、种好责任田》,《光明日报》2020年6月16日。

进大脑的重要举措。学生在文本的学习中,会接触传统文化、传统美德等题材的阅读内容,教师不失时机、恰到好处地将思政教育融入教学中,能带来多方面效果。

首先,有利于培养全方面发展的外语人才,实现课程的育人价值。阅读教学过程中,教师有机融入情感、态度、价值观的教育,可以在提高学生语言能力的同时对学生进行品德教育,帮助学生塑造正确的价值观。思政内容的融入,可以增强学生的民族自豪感、坚定文化自信,确定正确政治立场,从而充分发挥英语学科教学的育人价值。

其次,有利于提高学生的外语学习兴趣,增强学习效果。在阅读教学设计上,可以拓展阅读素材,选择与学生实际生活相关的正能量材料,如弘扬中华优秀传统文化、蕴含社会主义核心价值观的故事、时事新闻等。这样既能潜移默化地塑造学生正确的理想信念,又能通过对话题的讨论提升学生外语学习兴趣和课堂活跃度。

最后,有利于落实思想政治教育工作。思想政治教育是培养新时期高素质人才的重要方法,是社会发展提出的要求。课程思政是学生坚定理想信念、确立正确前进方向、形成正确价值观的重要手段。① 英语阅读教学中注入思政力量,能加深学生的家国情怀,提高专业知识学习热情。专业课程和课程思政相结合,协同实现育人目标,推进学生的全面发展,是进行思想政治教育工作的新方式。

综上,课程思政在初中英语阅读教学中的应用极其迫切,意义深远,对于立德树人任务的实现、德才兼备人才的培养、正确政治立场的确立都有重要价值和作用。因此,英语阅读教学过程中应强化思想文化教育、社会主义核心价值观相关教育,提升学生们的文化认同感,以满足人才培养需求、思想政治建设工作需要。英语教师应全方位、多角度挖掘英语阅读教学过程中的思政元素,将思想政治教育贯穿专业课程教育教学全过程,培养学生的判断能力,实现课程的育人价值。

二、初中英语阅读教学融入课程思政的实施路径

初中英语阅读教学中融入课程思政是落实课程思政理念融入教育教学全过程,实现"全员全程全方位育人"理念,促使社会主义核心价值观、中华优秀传统文化、新时代中国特色社会主义思想等进教材、进课堂、进头脑的重要途径之一。将思想政治教育与学生的专业知识学习和创作实践相结合,深度挖掘、全面开发课程中蕴含的思政元素,是实现课程语言能力目标、文化意识目标、思维品质目标的有效方式。张大良指出,课

---

① 曹进、赵宝巾:《外语课程思政教学资源与育人体系建设探索》,载《外语电化教学》2021 年第 4 期。

程思政建设的基础在课程,重点在课堂,关键在教师,成效在学生。① 因此课程思政和初中英语阅读教学的完美融合离不开教师的悉心指导、有效的课堂呈现方式和积极的评价机制。

(一)明确实现立德树人这一根本任务

英语教学不仅要培养语言类的应用型人才,更要将"立德"放在教育教学的首位,培养德智体美劳全面发展的社会主义建设者和接班人,深刻回答"培养什么人"的问题。初中生在英语阅读材料的学习过程中会不可避免地接触到海量外国文化,其思想观念会不断受到碰撞与冲击,这会影响学生的价值观养成,有可能造成部分师生对中华文明、历史、政治制度的不自信。因此,教师在教学过程中要坚定立场,站稳脚跟,抓好这一时期对学生价值观的塑造,精心引导学生积极投身社会实践活动,培养学生正确的价值观,积极培育和践行社会主义核心价值观,让学生产生对中华文化的强烈认同感和归属感。此外,教师要明确教育过程中立德树人这一根本任务,厘清"培养什么样的人才"这一问题,为初中英语阅读教学中融入课程思政的实践探索提供有力保障。

英语教师在进行课堂教学前应仔细钻研英语学科核心素养内容,坚决落实课程育人目标,为实现立德树人这一根本教育任务保驾护航。在进行教学设计时,不仅要注重对学生知识能力的培养,更要注重育人目标的实现。课堂教学活动应两者并重,既要让学生学到知识,又要提升学生的思政水平。实现立德树人这一根本任务,还必须坚持以学校为主要阵地。学校应常常开展相应的宣讲会,组织新老教师参会学习,不断进步,提升自我,培养教师的教育意识、丰富教育方法、提高教学能力。此外,学校要定期组织教师交流会,教师之间互相学习,参考借鉴优秀教师的方法,不断提升个人教育教学水平。最后,要通过教学评价等手段,考查教师具体实践情况,保障立德树人根本任务的落实。针对教师的教学情况,提出改进建议,促进教师教育质量和教学水平不断进步。

(二)深入挖掘教材中的思政元素,拓展教学内容

教材是课程思政建设的基础,深入挖掘、开发教材中的已有思政元素是教师实现育人目标的主渠道,要把思政元素和专业知识教学相结合,提升思政教育的思想性、可信性、渗透性。思政教育和具体事例相割离,就成了典型的道德说教,不但达不到预期效果,甚至容易引起学生的厌恶,影响最终育人目标的实现。教师对英语阅读课堂活动的

---

① 张大良:《课程思政:新时期立德树人的根本遵循》,载《中国高教研究》2021 年第 1 期。

设计应以活动观为指导,以学生为主体,让学生在活动过程中体验学习过程,在解决问题的过程中感知语言和文化。① 以人民教育出版社出版的英语教材八年级下册 Unit 1 中的阅读文本——"Bus driver and passengers save an old man"为例,文章主要讲述了一位因心脏病突发而晕倒的老人,被公交车司机和乘客们及时救下的故事。文章主要蕴含的思政元素是社会主义核心价值观中的友善元素,宣扬救死扶伤、友善待人这一传统美德。在阅读教学的导入环节,教师可以通过播放一个内容相似的视频,让学生就"帮还是不帮"这一话题进行讨论,并且给出相应的理由。这样的设计既可以在讨论中引入阅读文本,也可以在讨论中通过学生之间的思想交流、思维碰撞,对学生进行相应的思政教育,提高学生的道德修养。

阅读素材是语言和文化的结合,初中英语阅读教学过程中教师要深入挖掘语言背后体现的文化价值,通过对比中外文化来培养学生的判断能力。由于课程本身限制,英语阅读材料中弘扬中华优秀传统文化和社会主义核心价值观的内容相对较少,因此教师要利用好"第二课堂",组织学生开展相关话题的外语辩论赛、演讲赛,使学生在实践中感受中华传统文化的博大精深、社会主义核心价值观的璀璨魅力,将课程思政建设由课堂拓展至课外。如,在人民教育出版社出版的英语教材八年级下册 Unit 2 中的阅读文本"Students who volunteer"的阅读教学中,教师除了在课堂上结合具体的教学内容设计教学活动,用具体的思政案例进行思政教育之外,还可以将教学内容扩展至课外甚至是校外。比如:以"助人"为话题组织英语演讲比赛,宣传"好人好事",构建校园助人氛围,形成助人热潮;组织学生参观志愿者协会,了解更多志愿活动背后的故事,加深学生对志愿行为的认识,升华课堂教学内容,走进生活,感受志愿行动带来的力量,在实践中体会社会主义核心价值观的魅力。

(三)加强教师思政意识和能力,改变课堂教学模式

初中英语课程思政建设的质量和效果直接受到教师思政意识的影响。教师要承担课程思政责任,选择能弘扬中华优秀传统文化和社会主义核心价值观的材料,通过对文本内容、图片的编辑,积极建设课程思政资源库,方便师生对蕴含思政内容的材料进行解读。学校要督促英语教师全面系统地学习社会主义核心价值观,积极主动地加强对中华优秀传统文化的了解,不断地在学习中提升认识,指导实践,推进课程思政建设步伐。通过建立课程思政共同体,思政课程教师和专业课程教师之间可互相学习,促进教

---

① 葛炳芳、印佳欢:《英语学习活动观的阅读课堂教学实践》,载《课程·教材·教法》2020 年第 6 期。

师课程思政意识和能力的提高。

为推进初中英语阅读教学中课程思政的融入，课堂教学方法的选用很重要。可采用"线上线下"双管齐下模式，线上通过虚拟与现实、云计算等先进技术的运用，让学生接触海量资源，创造丰富多彩、感染力强的思政课堂，线下通过学生身体力行的实践活动，让学生主动探索蕴含思政内容的素材，获得全方位的发展。

（四）健全课程思政评价机制

课程思政建设离不开完善而有效的评价机制，周丽敏、袁利平、梅明玉指出，要对课程思政教学效果进行多元的、动态的、过程的评价。[①] 对教师个人考核而言，学校可以组织教师互相听课评课，把课堂思政元素的呈现列入评价体系之中，考查专业课程的育人能力，深化新时代外语教师队伍建设改革。对学生学业成绩考核而言，不仅要考虑学生在英语阅读学习过程中词汇和语法的运用，还应增加对语言形式所蕴含的思想性、内容性、价值观、态度等评价维度。[②] 利用多元评价体系，强化教师课程思政意识，关注初中英语阅读教学中课程思政的建设效果，最终实现英语课程的育人目标，促进学生全面发展。

课程思政在初中英语阅读教学中的实践与探索发挥着润物细无声的育人优势。挖掘英语阅读素材中的思政元素，可以帮助学生了解民族精神，传承历史，形成正确价值观，促进中华文化绽放新芬。课程思政和英语阅读教学的有效融合，需要多方面的努力，多角度的尝试，才能充分实现专业课程和课程思政的协同育人效应。总而言之，初中英语阅读教学要发挥自身优势，充分挖掘阅读素材中的思政元素，将中华优秀传统文化和社会主义核心价值观融入教学全过程，实现知识传授和价值引领的统一。

三、初中英语阅读教学融入课程思政的困境与解决策略

课程思政在专业课程中的落实对初中思想政治教育起着极大的促进作用，同时也加强了专业课程和思政课程的协同合作，推动了课程改革的进程。初中阶段是学生积极接触世界、感受不同文化冲击的重要时期，对于其三观的塑造、品德的养成、政治立场的确立都有着非常重要的意义。初中英语阅读教学过程中，教师和学生接触到的一些

---

① 周丽敏、袁利平、梅明玉：《外语课程思政有效课堂环境及评价量表构建研究》，载《中国外语》2022 年第 4 期。

② 张敬源、王娜：《外语"课程思政"建设——内涵、原则与路径探析》，载《中国外语》2020 年第 5 期。

阅读材料是外国思想文化理念的映射,因而初中英语阅读教学过程中课程思政的引入意义重大。尽管近年来学校和教师对于课程思政的内涵以及操作方法了解颇多,但在部分具体的课程设计和教学实践过程中,专业知识和思政元素的融合依然面临着一些挑战。

(一)全盘倾入式融合,灌输式思政教育的问题

有些教师在对专业课程中思政元素的挖掘过程中,存在把所有关于理想信念、爱国主义、传统文化等的内容全盘倒入教学中的问题,一味地追求思政元素的完整性,而不是根据具体教学内容选择相符的思政元素。思政教育要结合具体的教学内容进行,"面面俱到"很有可能造成教学内容和思政内容"两张皮",各不相干。最终,既无法达到预期的育人效果,还容易使"课程思政"变成"思政课程",以至于知识目标和育人目标两者都"抓不住"。

初中英语阅读教学是外国语言的教学,如果单纯为了完成课程思政建设而不考虑具体的教学内容,极有可能达不到预期的育人效果,甚至有可能使学生对教学过程中呈现的思政内容产生抵触心理。课程思政要以正确的价值理念为导向,结合专业课程知识合理地进行思政教育,追求课堂教学中专业知识教学与思想政治教育的统一。① 因此,初中英语阅读教学的课程思政实践中,应该在遵循具体教学内容本身的完整性、科学性的前提下,科学合理地开发材料中的思政元素,潜移默化地影响学生价值体系的形成。

在对学生进行具体的思政教育过程中,有些教师"生搬硬套"思政内容,忽视了思政教育过程中的师生互动,对学生进行灌输式思政教育,课程思政成了道德说教的复制品。在初中英语阅读教学课程思政实践中,教师可以通过对比阅读材料内呈现的中外文化,展示中华优秀传统文化,结合具体事例讲解社会主义核心价值观,重视教学过程中师生的积极互动,培育学生正确的价值观。

以人民教育出版社出版的英语教材八年级上册 Unit 1 中的阅读文本为例。阅读文本是 Jane 去马来西亚度假的两篇日记,教师可以从作者对旅游景点的描述入手,与学生积极互动,增加课堂教学内容的趣味性,激励学生积极学习。与此同时,联系我国著名景点,呈现我国美丽的山川河流、绚烂丰富的人文景点,展示中华优秀传统文化,增强学生的文化自信,适时恰当地进行爱国主义教育。在进行思政教育时,应尽量避免出现

---

① 叶方兴:《科学推进专业教育与思政教育相融合》,载《中国高等教育》2020 年第 Z2 期。

教师"一个人表演"的局面,注重教学过程中师生的互动,保证学生的参与。

(二)重理论轻实践,素材内容陈旧的问题

在课程教学过程中,有些教师过于强调课程思政内容的理论性、知识性,放映式地呈现思政内容,对于思政元素的讲解缺乏具体事例的支撑,讲课抽象,脱离学生实际。在初中英语阅读教学课程思政实践中,教师可以采用不同的教学方法,设计多样的课堂活动,比如,请学生分享自身经历,开展读书讨论活动,提升学生的参与感和体验感。以人民教育出版社出版的英语教材七年级下册 Unit 4 中的阅读文本为例。该文本为 Molly 抱怨家庭和学校有太多规矩的一封来信,教师可以以"规则存在的意义"为主题开展小组讨论,提升学生的课堂参与感,提高学生对社会规则的认同感。课后让学生制作规则小卡片分享除家庭、学校外的公共场所的规章制度,加深学生对社会规章制度的了解,养成规则意识。这样比结束知识教学后放映式地呈现一些思政教育内容,生硬说教更有效果。

初中英语阅读教学中有些阅读材料落后于时代发展,不能与时俱进,从中挖掘出的思政元素自然也容易产生与社会脱节的倾向,容易使学生产生厌倦感。所以课程思政要结合当下热点话题、具体事例,引导学生深刻讨论,各抒己见,在思想碰撞中坚定理想信念。例如,人民教育出版社出版的英语教材八年级上册 Unit 7 的阅读文本"Do you think you will have your own robot?"中关于"机器人"话题的讨论和描述受限于时代的发展,稍落后于当前社会科技的发展,学生容易产生疲倦感,对教学的参与积极性不高。因而,教师应从当下发展实际出发,结合当下科技热点话题、具体事例,激发学生探讨的积极性,潜移默化地进行思政教育。

(三)忽视学生自主探讨,缺少学后输出的问题

课程思政的初衷是落实学校思想政治建设,对学生进行思想政治教育,塑造学生健全的人格、优秀的品质,在进行英语阅读教学课程思政时应当坚持学生中心原则。《义务教育英语课程标准(2022 年版)》在英语学习活动观中提出思维品质这一维度,积极倡导学生发展思考辨析能力。① 学生是学习的主体,教育的对象,教师的作用是引导学生积极思考、自主探讨,为学生创造条件,提供自主探讨的氛围。自主学习不但可以提

---

① 中华人民共和国教育部:《义务教育英语课程标准(2022 年版)》,北京:北京师范大学出版社。

升学生的学习能力,还可以培养学生良好的学习品质和习惯。① 英语阅读教学和课程思政理念的结合过程中,容易出现的问题有:教师"说教式"道德教育,教师设计的活动忽视学生的自主探讨,教师呈现的思政事例仅仅是辅助教师进行道德说教的材料等。这些问题会导致学生被动接受教育,活动参与度不高。在进行具体的课程思政实践时,教师寻找的思政事例应当与课堂教学内容相结合,教师应鼓励学生积极思考探讨,有学生参与其中的课堂才能更有效地实现课程的育人目标。

英语阅读教学课程思政面临的另一困境是学生的学后输出问题,一些教师在输出阶段的教学着重于课堂知识内容的巩固与应用,忽视了思政教育的升华,育人目标的全面实现。在阅读教学的输出阶段,活动的设计应同时兼顾知识掌握与思政教育,注重学生的思政输出,通过自主调研、活动策划、实地考察、动手实践等手段提高思政教育的成效,塑造学生良好的价值观、人生观、世界观,逐步丰富学生的精神世界。如在人民教育出版社出版的英语教材七年级下册 Unit 4 的阅读文本教学中,教师可请学生课后查找家庭、学校之外的公共场所的一些规章制度并制作成小卡片详细介绍说明。活动除了可以提升学生独立探索的能力之外,还可以促进学生规则意识的养成,培养学生良好的行为品质,实现教学的育人目标。

除了上文提及的几个问题之外,初中英语阅读教学课程思政的实践与探索中还存在许多问题。学校要增强对课程思政理念的宣传,让教师深入了解课程思政内涵,健全激励机制,激发教师的思政热情和持久的教学动力,健全评价机制,推进课程思政建设。教师要不断提升个人的思政意识和思政能力,结合实际情况选择恰当的思政元素,促进知识教学内容与思政元素的有机融合,提高课程思政教育的有效性。

四、结语

课程思政是对学生进行多方面思政教育的新举措,是实现立德树人根本任务的重要方法。英语阅读教学涉及的内容广,涵盖的文化元素多,进行课程思政时需要在尊重优秀文化多样性的前提下,有机融入中华优秀传统文化、正确价值观,培育学生优良道德品质,坚定文化自信。党的十八大以来,课程思政在实践中积累了许多经验,也取得了一定成效,但是仍然存在诸多问题,对于课程思政本质、课程思政和学科教育结合的形式、实施方法和路径等方面还缺乏全面而科学的理解,因此还需加强理论研究和实践

---

① 杨洁:《中学生自主学习的意蕴和实施策略》,载《教育理论与实践》2022 年第 2 期。

探索。本文针对上述问题,在加深对初中英语阅读教学中课程思政内涵理解的同时,提出了关于英语阅读教学和课程思政融合方法的建议,以及实践和探索中一些问题的解决策略,希望能给之后关于课程思政的研究提供参考,给其他教师、学校搞好课程思政建设提供一定借鉴。

高中英语课程思政教学研究综述——
基于 CiteSpace 的文献计量分析

杨 建 尚巾斌①

一、前言

　　随着教育的不断改革,素质教育理念已深入人心,素质教育强调的是人的思想道德素质、个性发展与心理健康。但现阶段部分高中教学中存在对学生的思想道德教育不够重视的问题。② 曹国琴指出在高中英语课堂中开展课程思政教育不仅是学生个性发展的需要,更是普通高中英语学科核心素养发展的需要。③ 此外,从更深层次的角度看,课程思政在为国家发展提供高素质人才的方面扮演着引领者的角色。④ 从学生个性发展和为国家培养德智体美劳全面发展的社会主义建设者和接班人的角度看,课程思政教育乃大势所趋。高中阶段是学生三观形成的关键时期,对学生进行思想政治教育势在必行。《普通高中英语课程标准(2017 年版 2020 年修订)》中指出,普通高中英语课程具有工具性和人文性融合统一的特点。英语课程是课程思政建设的有效载体。本研究采用文献研究法,以高中英语课程思政方面已发表文献为研究对象,通过梳理高中英语课程思政的发展阶段、作者群体、发表机构、研究热点及研究趋势,深入揭示课程思政的发展轨迹,以期为广大学者探究高中英语课程思政研究提供理论参考。

---

① 作者简介:杨建,陕西汉中人,湖南科技大学在读研究生;尚巾斌,湖南湘潭人,湖南科技大学副教授。
② 刘萍:《高中英语教学中的思政教育》,载《读天下》2020 年第 17 期。
③ 曹国琴:《"课程思政"融入高中英语课堂教学的方法探究》,载《校园英语》2021 年第 19 期。
④ 牛冬雪、姜帆、王艳:《高中外语课堂思政元素与理念的融入》,载《校园英语》2021 年第 18 期。

二、数据来源与研究工具

本研究以某数据库为主要数据来源,所采用的检索主题为"高中英语课程思政",文献类型为期刊和学位论文,限定为中文文献。文献收集的时间跨度为 2020 年 2 月到 2021 年 12 月,数据采集时间为 2022 年 1 月。为确保数据来源的科学性、可靠性与代表性,作者对文献进行了筛选,最后共得到 26 篇有效文献。

本研究主要借助可视化文献分析软件 CiteSpace,运用文献计量法对数据进行可视化分析。文献计量法可对已有研究进行量化分析,揭示某一研究领域总体发展规律,它主要使用统计方法显现文献数量特征,进而科学客观地描述、评价该研究领域的显著发展趋势。本研究运用文献计量法对国内有关高中英语课程思政教学的期刊文献及论文的发文量进行了计量分析。知识图谱绘制工具 CiteSpace 能突出要素之间的互动、交叉、衍生等关系。本研究借助知识图谱绘制工具 CiteSpace,通过对作者、发文期刊和关键词等多种要素进行可视化分析,发现我国高中英语课程思政研究中具有高影响力的作者和关键期刊文献并探寻与其相关的研究热点及未来的研究趋势。

三、结果与分析

本研究以高中英语课程思政的研究时期、主要作者、期刊和关键词等为视角,对国内有关高中英语课程思政的期刊文献进行了分析。

(一)研究时期分析

发文量可以体现出一段时间内某一研究主题的研究进展和热度,是不同研究时期的划分依据。由图 3－1 可知,国内有关高中英语课程思政教学的研究发展时间较短。国内有关高中英语课程思政教学的研究发展历程可从两个角度分析。首先,从月发文量看,从 2020 年 2 月至 2021 年 12 月,几乎每月都有期刊文献发表,但涨幅不明显。其次,从发文总量来看,研究历程大致可划分为三个时期:①萌芽期(2020 年 2 月—2020 年 9 月)。在这一阶段国内有关高中英语课程思政的研究发展较为缓慢,期刊文献数量较少并且研究主题较为单一,研究重点主要是关于英语教材中课程思政元素以及在高中英语阅读课中进行课程思政的研究。②发展期(2020 年 10 月—2021 年 5 月)。总体上,国内有关高中英语课程思政的期刊文献总数呈现相对稳定的增长趋势。高中英语课程思政的教学研究成为关注点。③上升期(2021年6月—2021年12月)。在此期间,高中英语课程思政期刊文献总数增长较快。高中英语课程思政的实践研究仍是热点。研究方法也日渐多样化,研究内容逐渐侧重于在高中英语阅读课中进行的课程思政实践。高中英语课程思政的研究正不断发展。

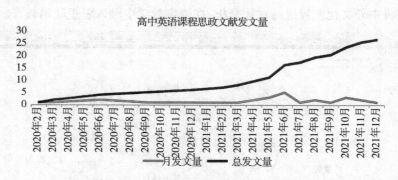

图3-1　2020-2021年高中英语课程思政文献月发文量与总发文量统计表

（二）作者分析

作者"共被引频次"和"中心性"能较好地反映其在该研究领域的影响力,是评判某个作者在该研究领域中学术影响力的重要标准。将在某数据库上获得的有关高中英语课程思政研究的26条文献导入CiteSpace中,关键节点设置为Author,时间设定为2020年2月至2021年11月,其他选项设置为默认,可得到如图3-2所示的作者知识图谱。由该图可知,该研究领域学者独立研究的情况较多,研究者之间的学术交流与合作仍需加强。同时,对我国高中英语课程思政的研究影响较大的学者有姚楚玉、姜帆等。学者姚楚玉、姜帆文章被引次数分别为6次,31次。

姚楚玉作为早期研究高中英语课程思政要素的学者,在该研究开始之初,就先后发表了《高中英语教材课程思政元素及其分类研究》和《高中英语牛津版教材阅读课文课程思政元素分类研究》(该篇另一位作者为陶竹)两篇相关论文。首先,她对思政要素的分类原则及标准进行了阐述,并遵循系统性与实际性的分类原则,以社会主义核心价值观及中学生核心素养框架体系为依据,将思政要素分为人与自我、人与社会、人与国家三大类。以译林出版社出版的英语教材为例,经研究发现该教材中包含了140多个思政要素,但是思政要素在类型分布方面的均衡性有待进一步提高,有关人与社会类以及体现中国精神的元素仍需增加。这一发现为进一步的教学设计奠定了坚实基础。

姜帆则从教材、课堂以及师资三个方面对高中英语课程中融入思政要素及与其相关的理念进行了实践研究,并提出采用教师评价和学生评价相结合的方式对课程思政的效果进行评价。为丰富教师开展外语课程思政的手段,提高外语教师的文化自信,姜帆及其合作作者付宇航和梁红韵对人民教育出版社出版的高中英语教材中涉及的中国故事进行了考察和分析。他们发现教材中并不缺少思政元素,而如何将这些思政元素融入教学中才是需要重点解决的问题。在高中英语课堂上,教师不仅应讲解英语语言知识,还应将中外文化差异进行对比分析,在语言教学中融入思想政治教育。

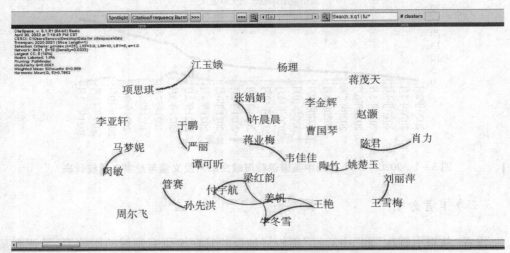

图 3 - 2　2020 年 2 月—2021 年 12 月高中英语课程思政作者知识图谱

(三)期刊分析

一般来说,期刊的发文量、等级、影响力等可以反映出该研究领域的情况。由于国内有关高中英语课程思政的研究发展时间较短,其期刊分布较为分散。而对高中英语课程思政发文期刊进行分析,一方面,可以了解这一研究领域的影响范围。另一方面,还可以为学者阅读、搜集本领域文献,选择发文期刊提供参考。

本研究对某数据库收录的刊发了高中英语课程思政相关论文的期刊进行了整理。由图 3 - 3 可知,该领域相关研究在《校园英语》、《现代交际》和《佳木斯学院学报》的发文量、引用次数均遥遥领先。由图 3 - 4 可知,在研究之初,主要研究成果发表在《校园英语》和《教学管理与教育研究》这两大期刊上。从这两大期刊所发相关文章可以看出,高中英语课程思政教学首先与英语息息相关,同时又与教育教学联系紧密。随着高中英语课程思政这一话题的预热,文献发表的期刊范围也不断扩大。在 2021 年,相关期刊文献在《校园英语》以外的《现代教学》、《第二课堂》以及《科学咨询(教育科研)》等期刊上发表。这一变化显示出,高中英语课程思政教学吸引了一些主流期刊的注意力,对教育发展具有重大意义。这些期刊也为研究者在选择高中英语课程思政的阅读素材及投稿期刊指明了方向。

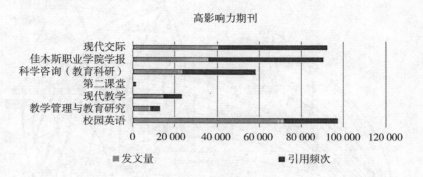

图3-3　高影响力期刊

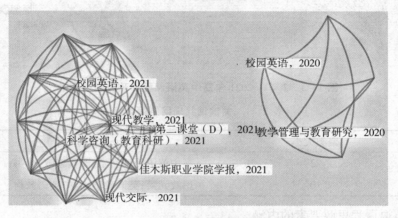

图3-4　2020—2021年高中英语课程思政期刊知识图谱

（四）研究热点分析

关键词是对文章中心思想和主题的高度概括和凝练,从某一领域关键词所出现的频次可以发现该领域发展过程中的研究热点和重点。关键词节点越大,说明该关键词出现次数越多。由图3-5可知,对高中英语课程思政的研究侧重于阅读教学以及世界观、人生观的培育。在关键词聚类知识图谱的基础上,在"cluster"菜单栏中选择"Cluster Explorer"可得到关键词共现网络聚类表格3-1。从该表中可发现,该领域的研究热点主要集中在对教材中思政要素的分析、高中英语课程思政实践探索,以及高中英语阅读中的课程思政实践上。

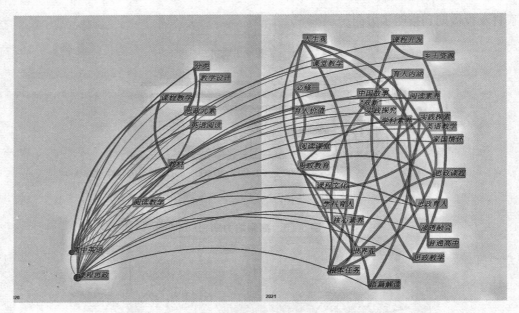

图 3-5　2020—2021 年高中英语课程思政关键词图谱

表 3-1　关键词共现网络聚类表

聚类号	聚类大小	标识词（选择前 3 个）
1	22	高中英语阅读教学；课程思政；分类；
2	10	思政元素；英语教学；高中英语教材；

（1）英语课程思政要素的内涵

英语教材包含较多的思政要素，只有深入挖掘教材中的思政元素，才能更好地展开思政教育。然而思政元素的确定并不是随意的。姚楚玉、陶竹指出，思政元素的确定应以社会主义核心价值观和中学生核心素养框架体系为依据，遵循系统性和实际性原则。[1] 姚楚玉等人将译林出版社出版的高中英语教材中的思政元素划分为三大类：人与自我、人与社会、人与国家，并将各类思政元素在所有思政元素中的占比进行了总结。

人与自我类思政要素的内涵，首先指健康生活，即明白生命的意义和人生的价值，进而养成健康文明的行为习惯和生活方式。其次指实现自我价值，始终向着自己树立的目标前行，具有人生理想与追求。人与社会类的思政要素指和谐共处，包括人与自然和谐共处、人与他人的和谐共处。人与自然和谐共处体现为热爱自然、尊重自然，具有绿色生活和可持续发展理念。人与他人和谐共处体现为诚信友善，宽和待人，遵守和履行道德准则和行为规范，营造良好的社会关系。此外，人与社会类思政元素还指要进行

---

① 姚楚玉、陶竹：《高中英语牛津版教材阅读课文课程思政元素分类研究》，载《海外英语》2020 年第 6 期。

社会实践,要有敬业奉献的精神,具有实践与创新能力。人与国家类思政要素体现在家国情怀上,概括为爱国情怀和国际视野。爱国情怀要求:具备国家意识,能自发保卫国家主权;具有文化自信和民族认同感。而国际视野即具有开放性的心态和全球意识,尊重文化多样性,明白人类命运共同体的内在价值等。

由表3-2可知,人与国家和人与社会这两大类思政元素占比较高,这也符合课程思政提出的目的:使教师将"传道"与"授业"相结合,在传授专业语言知识的同时融入中国特色社会主义核心价值观,起引领作用,进而培养德智体美劳全面发展的社会主义建设者和接班人。

表3-2 思政元素分类及占比①

	思政元素的具体分类		占比
思政元素分类	人与自我	健康生活	20.5%
		自我价值	
	人与社会	和谐共处	35.9%
		社会实践	
	人与国家	中国精神	43.6%
		国际视野	

总体上,以上学者对课程思政要素的分类较为合理,但是对三类思政要素的具体分类不够全面,仍需进一步研究。

(2)高中英语课程思政教学

教育的基本要素是教育者、受教育者和教育中介系统,教育中介系统包括教育内容和教育措施。学者从两个角度对高中英语课程思政教学了进行解读:教育者和教育中介系统。

教育者即教师,这是课程思政教学的第一环。教师是教育改革的主体。课程思政在高中英语课堂中的实施离不开教师。李亚轩指出,部分高中英语教师对课程思政的认识不够深入,对思政教育资源的挖掘和利用不足,对思政教学方法的选择较为单一。② 增强教师的思政意识,提升教师的课程思政能力在课程思政实施过程中起关键性作用。教师需要具有强烈的课程思政意识和较高的课程思政能力才能充分发挥课程思政特有的育人作用,也就是说,实施课程思政的首要前提是提升教师课程思政意识和

---

① 表内数据来源于姚楚玉、陶竹:《高中英语牛津版教材阅读课文课程思政元素分类研究》,载《海外英语》2020年第6期。

② 李亚轩:《高中英语课程思政建设路径探讨——以××高中为例》,山东师范大学2021年硕士学位论文。

能力。① 参加课程思政教学培训,参加学校组织的校内、校外研讨会,观摩、学习优秀教师的教学设计,学习新思想、新理论、新教学模式都是增强教师思政意识与能力的可行渠道。②

教育内容是教育者向受教育者传授知识的文本,具体表现形式为课程标准、教材、教学参考资料等。教材是教学的主要载体,高中英语教材中蕴涵着的丰富课程思政元素等待着教师的发现与应用。高中英语教材中的思政元素是依据社会主义核心价值观及中学生核心素养框架体系进行划分的,可从人与自我、人与社会、人与国家三大维度展开分析。③ 马梦妮和闵敏从这三个维度入手,深入分析了教材在听、说、读、写中体现的思政要素。由此可知,听、说、读、写活动组成的教材中蕴涵了丰富的思政元素,正是因为这些思政元素,课程思政与英语教学的有机融合才能实现,从而实现课程思政教育,落实社会主义核心价值观教育,促进学生德智体美劳全面发展。④ 当然,课程思政教育不仅可以利用教材中的思政元素,还可以对教材进行二次开发,通过延展课外知识来拓展学生的视野,提升学生的道德素养和思想品质。

课堂是教学的中心环节,是教育措施落地的主战场,要落实课程思政,就必须紧紧抓住这一环节。要上好一堂课,首先要重视英语课堂思政教学设计,其次要通过开展丰富多彩的教学活动充分发挥课程育人功能。⑤ 曹国琴提出了课程思政融入高中英语课堂教学的详细步骤。⑥ 丰富多彩的教学活动开启的第一步是充分利用课前五分钟,在这五分钟内,教师可引导学生以热点新闻、民族文化及历史故事为素材进行演讲、口语展示等,以此培养学生的辩证思维能力、爱国情怀,发挥学生的榜样作用。接下来,教师要灵活安排教学环节,虽然课前已经做好了教学设计,但是教学实践中的情况千变万化,只有灵活安排教学环节,才能及时抓住最佳教学时机,达到预期的教学效果。当然,作业也是课堂教学的一部分,教师需巧妙布置作业,让学生深入体会课堂所学,进一步感受思想政治教育。

总之,实施课程思政要通过发挥教师队伍主力军、教材主载体、课堂主战场的作用,为培养全面发展的社会主义建设者和接班人奠定坚实基础。

(3)高中英语阅读教学中的课程思政研究

---

① 韩杰:《高中英语课程思政实践探索》,载《天津教育》2021年第13期。
② 张娟娟、许晨晨:《高中英语课程思政的探索与设计——以阅读课为例》,载《海外英语》2021年第16期。
③ 姚楚玉、陶竹:《高中英语牛津版教材阅读课文课程思政元素分类研究》,载《海外英语》2020年第6期。
④ 马梦妮、闵敏:《高中英语教材中的课程思政元素分析》,载《求学》2021年第12期。
⑤ 韩杰:《高中英语课程思政实践探索》,载《天津教育》2021年第13期。
⑥ 曹国琴:《"课程思政"融入高中英语课堂教学的方法探究》,载《校园英语》2021年第19期。

在某数据库中收录的26篇有关高中英语课程思政的期刊文献中有11篇介绍的是高中英语阅读教学中的课程思政。由表3-3中对高中英语阅读教学中课程思政研究的期刊文献的参考数与被引数可知高中英语阅读教学中的课程思政研究较受关注。

由图3-6关键词图谱可以看出高中英语阅读教学中的课程思政教学热点:高中英语阅读素养培养和高中英语阅读教学设计研究。

表3-3

文献数	总参考数	总被引数	总下载数	篇均参考数	篇均被引数	篇均下载数
11	138	10	7706	12.55	0.91	700.55

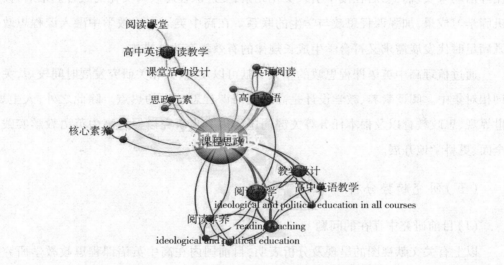

图3-6　关键词图谱

《普通高中英语课程标准(2017年版2020年修订)》中指出,提高学生的英语阅读能力是新时期高中英语教学的重点之一。纵观当前高中英语阅读教学,不难发现,部分高中英语阅读教学中存在阅读文本处理不到位、阅读训练模式方法较单一和阅读训练中思政教育不足等问题。① 再与课程思政相结合,于鹏和严丽认为目前部分高中英语阅读教学与思政教育关联性不大、高中英语阅读教学过程中思政教育元素偏少并且部分教师偏重阅读技能培养忽略了对学生思想品德的教育。②

为提升学生英语阅读能力,宁颖提出,要注重高中英语阅读教学中对学生思维的训练。学生的阅读思维能力的提升,需要大量阅读英语文章。但部分高中学生辨别能力

---

① 宁颖:《高中英语阅读思维训练的实践与思考》,载《教学管理与教育研究》2020年第17期。
② 于鹏、严丽:《论高中英语阅读教学"课程思政"与课堂活动融合——以译林版高中英语必修1 Unit1 为例》,载《海外英语》2021年第6期。

仍有不足,当某些阅读信息与他们的人生观、价值观产生冲突时,对学生的思维训练就要与课程思政相结合,这样才能培养出合格的社会主义建设者和接班人。

丰富阅读训练模式和方法是在高中英语阅读教学中进行课程思政教学的有力策略。也就是项思琪和江玉娥所提出的阅读教学策略。一是精心设计教学情境,营造思政氛围。二是深入探析文本,挖掘思政内涵。三是拓展阅读材料,融入思政精髓。四是丰富课堂活动,创新思政形式。五是在阅读教学中,抓住渗透时机,深化思政主题。①而乔水清则从阅读前、阅读中、阅读后三个环节入手。② 首先,读前整理学习计划,挖掘课程思政的教学切入点。可采用布置自主学习任务,拓展课外阅读资料,开展跨文化交流等活动来实现。然后在读中引入文化元素,促进课程思政与文化的融合。最后,读后巩固学习成果,加强课程思政与学生的联系。在高中英语阅读教学中融入课程思政是既满足时代发展需求又符合学生成长规律的有效教育改革措施。

通过梳理高中英语课程思政的相关文献可以发现,其相关研究发展时间较短,关键词相对集中。阅读素养、教学设计是高中英语课程思政中的热点。除此之外,人生观、世界观、思政教育以及根本任务等关键词还需进一步研究以促进高中英语教学实践更全面、更科学地开展。

(五)研究趋势分析

(1)目前研究中存在的问题

以上有关文献视图的呈现及分析表明,目前国内在高中英语课程思政教学研究中虽然取得了一些成果,但仍存在不足之处。

首先,研究方法存在不足之处。当前高中英语课程思政的研究主要包括教材中思政要素的分类,针对高中英语课程思政教学现状、必要性、实施路径的研究多为思辨性探讨,缺少实证研究。

其次,研究内容有局限。教师教学工作包括五个基本环节:备课、上课,以及课外作业的布置与批改、课外辅导、教学评价。从国内高中英语课程思政的研究现状看,大多数研究者关注的是教材中的课程思政元素和课中课程思政教学,但对课后作业的布置及教学评价的研究不足。除此之外,英语课程由听、说、读、写四大部分组成,缺一不可。

---

① 项思琪、江玉娥:《基于课程思政的高中英语阅读教学——以人教版必修1 Unit3"Living Legends"为例》,载《校园英语》2021年第41期。

② 乔水清:《高中英语阅读教学与"课程思政"的融合——以译林版高中英语必修一 Unit1 为例》,载《英语画刊》2021年第16期。

总观现有研究,课型分布较为单一,主要是以高中英语阅读课为主线,对高中英语阅读课程思政现状、可行性,以及教学路径进行分析。课程思政在听力教学、口语教学和写作教学中应用情况的研究方面空缺较大。

最后,研究维度不够全面。目前对于高中英语课程思政的研究主要是从教材、教师和教学现状与方法入手。以教材为载体,以教师为主力军,以教学为抓手,有效地推动高中英语课程思政教学,但却忽视了对学生的研究。

(2)对未来研究的启示

基于上述高中英语课程思政研究中存在的问题与不足,未来的研究可从三点进行完善。

首先,要丰富研究方法。应适当加强实证研究,改变以思辨研究为主的现状,以课程思政为目标,采用教育生活体验、个案研究、行动研究等实证研究方法,通过调查问卷、访谈、观察等手段收集资料,使研究过程与结果更加客观科学。例如,研究者可在充分调研的基础上开发高中英语课程思政评估表,用以指导教学。

其次,研究者应尝试拓展课程思政实践的范围,更全面地研究高中英语课程思政教学。高中英语课程思政教学应渗透教学的各个环节,而非仅仅局限于课堂教学。目前高中英语课程思政研究仍需加强的教学环节有:备课时教材的选择、作业的布置(如,作业的时间、类型、数量等)、评价机制(如,自我评价、他人评价、教师评价、学生互评等相结合的多样化评价方式),以及课程思政的教师培训与发展研究。同时,高中英语课程思政教学应逐步从阅读教学向听力教学、口语教学、写作教学延伸。以人民教育出版社出版的高中英语教材必修一第二单元"Traveling around"的听力课教学为例,在听材料之前,可向学生展示世界各地旅游景点的图片,激活学生关于旅行的知识。当听力材料播放时可要求学生完成课本上的习题。在练习语言的同时,又能够潜移默化地实现课程对学生世界观、人生观和价值观的塑造,培养他们的爱国情怀和国际视野。在听力播放完之后,可组织小组活动谈论旅行计划,增强学生的合作意识和表达能力。这样教师可以通过听力教学,增强学生对中华民族文化的认同感、树立正确的世界观、人生观与价值观。教师也可通过复述类、辩证类等不同形式的口头活动,锻炼学生的口语能力,提升其思想格局。此外,写作教学是英语教学中的重要组成部分。从作文中可以看出学生的世界观、人生观、价值观,教师可以在教学中渗透思政教育,充分发挥写作教学的重要作用。总之,要在学生学习语言知识,锻炼听说读写等技能的同时使其世界观、人生观、价值观也能得到塑造。

最后,研究对象应多元化。高中英语课程思政的研究不可仅限于课堂、教材、教师、教学策略,还应以学生为主体。学生作为教学的对象,是教育的基本要素。高中英语课程思政的相关研究应考虑如何提升学生的认知水平、满足学生的学习需求、激发学生的学习兴趣,从而确保研究的全面性与科学性。

四、结束语

通过对2020—2021年间某数据库收录的26篇高中英语课程思政相关文献进行可视化分析,可发现:第一,高中英语课程思政相关研究的时间较短;第二,相关研究的数量呈增长趋势且研究热度也在攀升;第三,相关文献主要发表在有关外语研究和教育研究的期刊上,例如:《校园英语》《教学管理与教育研究》。第四,相关研究的研究热点在于对教材中思政要素的分析、对高中英语课程思政教学的探索以及在高中英语阅读中的课程思政实践,并且不断向思政教育、核心素养拓展。

但当前相关研究仍有不足:第一,研究成果较少,不能反映出高中英语课程思政的全貌,需更深一步研究。第二,研究层次差异较大。部分研究较为空洞,主要进行理论阐述,少数实践方法操作周期较长,难度较大。如:提升教师的课程思政意识和能力需要较长时间。第三,对高中英语课程思政教学评价体系研究缺乏。在高中英语课程思政发展过程中,如何实施广受关注但如何评价需要进一步探讨。要提升评价实施效果,就需要对评价机制和标准进行革新。未来应加强实证研究,细化研究内容,使研究维度多样化,从而研究出更加符合国内高中英语课程思政现状的教学策略。

课程思政视域下的高中英语
阅读教学策略研究

袁洪宇①

本文聚焦如下两个问题:(1)在新的背景下,如何科学把握外语课程思政的内涵;(2)如何结合高中英语的教学现状,有效落实高中英语阅读教学和课程思政,发挥教育的显性作用与隐性作用,增强学生的跨文化交际能力和文化传播能力。本文基于这两个问题,结合高中英语阅读教学的实际案例,并从课程思政育人的角度思考外语教学的发展方向,以期实现从思政自然过渡到英语教学,再从英语教学自然过渡到思政指导下的英语阅读教学,发挥教育的显性作用与隐性作用并增强学生的跨文化交际能力和文化传播能力,为广大外语教育工作者提供有益借鉴。本文将聚焦课程思政的内涵,探讨个中关键性问题。

一、课程思政的内涵

课程思政目前已成为学界的一大热点,如何在当前百年未有之大变局下应对外语教学中的变与不变,是个值得继续探讨的问题。基于已有研究,对"课程思政"概念的理解大致有"课程类型说""教育理念说""思政方法说""教学体系说""实践活动说"和"多重属性说"等观点。② "课程思政"是落实立德树人的举措,是完善三全育人的重要方面。③ 外语课程思政应实现知识体系与价值体系的有机统一。④ 在课堂教学的基础

---

① 作者简介:袁洪宇,女,湖南岳阳人,湖南科技大学外国语学院在读研究生。

② 唐德海、李枭鹰、郭新伟:《"课程思政"三问:本质、界域和实践》,载《现代教育管理》2020 年第 10 期。

③ 韩宪洲:《深化"课程思政"建设需要着力把握的几个关键问题》,载《北京联合大学学报(人文社会科学版)》2019 年第 2 期。

④ 成矫林:《以深度教学促进外语课程思政》,载《中国外语》2020 年第 5 期。

上,外语课程思政离不开教师的主导作用和立德树人的理念,要帮助学生构建正确的三观。① 始终保持大目标、大人格、"大先生"是外语课程思政的建设方向。② 我们认为课程思政的落脚点是立德树人,要借助外语课程实施课程思政,发挥实施中各种要素的最佳综合作用,以实现知识体系与价值体系的有机统一。

新文科背景下的课程思政要与高中外语阅读教学有机结合,要清醒地认识到变与不变的问题。课程思政之所以重要,是因为它符合国家当前课程改革的需要,是因为它为外语学科的发展指明了前进的方向和道路,是因为它能为广大教师群体的教学实践提供方法论的指导。这就是我们倡导课程思政的原因。从宏观层面来看,外语学科始终注重学生听说读写译等基本功的培养,但在继承的基础上要推陈出新,继续探究外语学科的新路径,而新路径的开发离不开微观层面。从微观层面来看,新路径的开发不能脱离英语实际课堂,课堂是教师灵感的发源地,因此,外语教师应该立足于英语课堂,努力发现问题并且解决问题,为新路径的开发打下坚实的基础。

二、高中英语阅读教学课程思政面临的问题

课程思政既给外语教育注入新的生机与活力,也给外语教育带来了风险与挑战。在课程思政的背景下,部分高中英语阅读教学中出现了以下三个方面的问题(如图1):

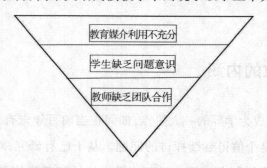

图1　部分高中英语阅读教学课程思政面临的问题

(一)部分教师团队意识不足,思想较为片面

一方面,在部分教学实践中存在着将教书和育人割裂开来的现象。③ 具体来说,在

---

① 文秋芳:《大学外语课程思政的内涵和实施框架》,载《中国外语》2021 年第 2 期。

② 王守仁:《论"明明德"于外语课程 ——兼谈〈新时代明德大学英语〉教材编写》,载《中国外语》2021 年第 2期。

③ 郝德永:《"课程思政"的问题指向、逻辑机理及建设机制》,载《高等教育研究》2021 年第 7 期。

这些教学实践中教书与育人被作为两个独立的体系运行,教书指向学科类的课程,育人指向思政类的课程。但教书和育人本身并不冲突,某些教师对外语课程的属性和价值的认识过于片面,从而忽视了学生的思想政治教育。① 另一方面,随着"课程思政"建设的不断深化和拓展,亟须建构资源整合机制,否则没有团队支撑,教师个人能力的发挥会受到制约。② 也就是说,一个好的团队能够整合优秀的教师资源,发挥每个成员的优势,使每个成员可扬长避短,争取最大限度地发挥教师资源的作用,使得"物尽其用,人尽其才"。然而,一方面,部分教师由于认识不到位,忽略了学生的思想政治教育。另外一方面,在实际教学中,部分教师群体没有很好地协调团队之间的分工,使得课程思政的推进有些缓慢甚至出现了不协调的现象。这给我们提供了一些启示。首先,教师在遇到困难瓶颈的时候,不要"闭门造车",要多向其他有经验的教师请教经验,发挥团体合力,更好地促进课程思政的建设。要想优化英语教学,就必须建构一流的教师团队来作为促进英语教学发展的不竭动力。其次,在课程思政的视域下,教师要考虑着学生的年龄特征和学科属性来教学。高中生的学业任务本来就繁重,学习压力也大,教师的授课方式要结合实际实现多元化。《普通高中英语课程标准(2017年版2020年修订)》提出了由主题语境、语篇类型、语言知识、文化知识、语言技能和学习策略六要素构成的课程内容,以及指向学科核心素养发展的英语活动观。③ 高中英语阅读教学不仅涵盖了英语词汇、语篇等,而且涉及价值观等方面的内容,教师要有意识地帮助学生化抽象为具体、化单一为多样、化枯燥为趣味、化隐性为显性,从而培养学生的核心素养,提高学生英语阅读的思维能力。④

综上所述,课程思政在创新的同时,必须始终不脱离语言学习的本质,教师要深刻思考课程思政的内涵,在做好自己的本职工作的同时,要善于从多个维度看问题,以团队合力化解思想的片面化,要切实引导学生扎扎实实地学习基本阅读知识和阅读策略,提高学生的阅读能力,有效推进课程思政建设。

(二)部分学生问题意识不强,课程思政效果不佳

传统教学体制的自我封闭性和刻板性及教研功利化影响下的教育缺乏教育智慧,不利于学生问题意识的形成。⑤ 也就是说,传统教育体制的弊端需要引起我们的关注,

---

① 王伟、肖龙海:《中小学外语课程思政建设的困境与路径》,载《教育理论与实践》2021年第29期。
② 唐德海、李枭鹰、郭新伟:《"课程思政"三问:本质、界域和实践》,载《现代教育管理》2020年第10期。
③ 中华人民共和国教育部:《普通高中英语课程标准(2017年版2020年修订)》,北京:人民教育出版社。
④ 孙静:《核心素养视角下高中生英语阅读思维品质培养策略》,载《教育理论与实践》2018年第32期。
⑤ 何红娟:《学生问题意识缺乏原因及发展对策》,载《中国教育学刊》2014年第1期。

各种理论模式的照搬都会导致学生问题意识不足。教师需要用教育的智慧来提高教学效果。教师要以学生的问题意识不足为出发点,在进行阅读教学设计时,要改变提问方式,设计一些有梯度性的问题,以培养学生的问题意识,此外,教师应该多层次、多角度、全方位地选择阅读材料,引发学生的深度思考,培养学生的思维、品质和文化意识。①换言之,教师在英语教学中要以问题为导向,激活学生的思维,以思促学,促进教学效果的提升。

然而,在真实的高中英语课堂上,有时候会出现短暂的沉默现象。对于教师在课上出于教学的灵感而生成的某些问题,一些学生会由于习惯了被老师一直指引,或者是由于平时的生活常识或专业知识积累不足而无话可说。这是由于部分学生们平时对于问题反应的灵敏度不是很高,缺乏深度思考问题的习惯,对知识的理解停留在表层,而对知识没有深层的理解就不能够将其内化为能力,也就无法获得能力的提升。渐渐地,就会出现部分学生的学习效率不高,学习效果不佳,学习后劲不足的情况。

综上所述,学生学习的积极性不高,学生的问题意识不足会导致学习的后劲不足,学生学习的内驱力不够,学习的过程中乐趣减少。逐渐地,学习变成了为考试而学,为不辜负父母与老师的期望而学,从本质上来说,此时学习丧失了它原本的意义,学生也不会再刻意去培养自己的问题意识,长此以往,学生的创新能力就会大为削弱,这就很容易让教育背离其初衷。新的时代背景呼吁新的教育理念,学生问题意识需要每个教育者呕心沥血地去培养。

（三）教育媒介利用不充分,传播受限

在英语阅读教学中,教师对教育媒介的利用率不高,这会导致教育媒介的文化传播效果受到一定的限制,因此,学校需要大力开发在线教学资源,丰富多媒体英语教学手段,实现教学内容的多样性和前瞻性。② 鉴于此,在学校的引领下,英语教师要学习现代信息技术,灵活运用现代教育媒介,优化课堂教学设计。英语教师要更多地将趣味性、思辨性和深度性的教学内容融入课堂之中,使得每一堂课都能很好地传播文化,使得文化的传播方式不单一化,使得学生乐于去学并且学有所得。当然,这里所说的教育媒介不仅仅包括教学电子白板、幻灯片等媒介,也包括计算机辅助教学以及未来具有前景的英语虚拟仿真项目等。教育媒介的充分利用会更好地发挥学生的创造力,让学生

---

① 王伟、肖龙海:《中小学外语课程思政建设的困境与路径》,载《教育理论与实践》2021 年第 29 期。
② 曹鸿娟:《校本特色下综合英语能力培养的实践教学研究》,载《外语教育研究》2019 年第 2 期。

在有限的时间内接触到更深层次的文化,使我们所倡导的中国优秀传统文化更好地融入学生的血脉。因此,教育的发展及文化的传播不应该受限于教育媒介,我们应努力使教育媒介成为优势资源,为教育发展和文化传播助力。

一方面,教育媒介在部分课堂上利用不充分。比如说,在介绍 high-speed train 这个短语和其语境用法时,需要花额外的时间给学生解释意象,先给学生建构图示和丰富已有经验,在此基础上进一步激活其头脑中的图示和意象。如果教育媒介的利用率高,知识的传授就会简单很多,甚至不需要建构图示和已有经验,直接激活学生的已有经验即可。另外一方面,部分教学中教育媒介在课下的利用率不足。一些教师给学生布置的作业大多是巩固型练习,比如说背诵、抄写、默写等机械性练习,而开放式或发散型的作业却很少。这与新时代教育理念背道而驰,既不利于学生能力的提高,也不利于文化的传播。作业的布置应该与教育媒介相融合,让学生的视野得以开阔,了解中华优秀传统文化,让作业不仅仅停留在巩固课堂所学的层面上,更能成为引导学生潜在兴趣的助推器,以作业激趣,以趣味促学。

三、课程思政融入高中英语阅读教学的路径

针对上文所提到的部分高中英语教学中现存的不足,具体优化路径如图 2 所示:

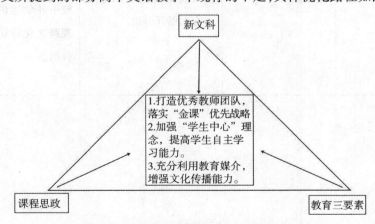

图 2 新文科背景下的高中英语阅读教学优化路径

在新文科背景下,基于课程思政和教育三要素,针对高中阅读教学中现存的不足提出上述路径。结合教育三要素来探究高中英语阅读教学的优化路径,是因为它能够为高中英语教学提供有益启发。

（一）打造优秀教师团队，打造一流精品课程

外语"课程思政"改革的关键在于建成一支有思想的外语教师队伍。① 外语课程思政离不开外语教师们的奉献，打造高水平的教师队伍，已迫在眉睫。外语教师要丰富跨学科知识与超学科知识，努力提高培养高质量人才的能力。② 要打造一流精品课程，课程思政是关键。③ 要充分将思政元素与课堂教学融为一体，充分实现课堂教学的育人目标。表1是笔者将思政目标与外语学习有机结合的案例分析。

表1　译林出版社出版的高中英语必修第二册中思政目标与外语学习有机结合的案例分析

阅读材料	内容	活动任务	外语学习与思政目标
A beginner's guide to exercise（Unit 2）	本单元讨论的话题是如何进行运动锻炼，拥有健康的体魄。	阅读材料是一篇运动锻炼的指南。需要以一名初学者的角度，就锻炼的好处、运动计划的设定、健康饮食、避免受伤等几个方面展开讨论。	熟悉指南类文本的基本结构及阅读策略；树立正确的运动观念，找到适合自己的运动方式，理性不盲从；了解外国学生对于运动的看法，基于此，学会比较中外学生的异同点，体现跨文化意识，增强文化自信。

---

① 崔戈：《"大思政"格局下外语"课程思政"建设的探索与实践》，载《思想理论教育导刊》2019 年第 7 期。
② 王雪梅：《高校外语教育新常态下的教师专业发展：内涵与路径》，载《山东外语教学》2020 年第 4 期。
③ 杨祥、王强、高建：《课程思政是方法不是"加法"——金课、一流课程及课程教材的认识和实践》，载《中国高等教育》2020 年第 8 期。

续表

阅读材料	内容	活动任务	外语学习与思政目标
Alex around the world(Unit 3)	本单元主题是节日与习俗,介绍了印度婚礼以及巴西狂欢节,向学生展现了不同国家的风土人情。	阅读材料是两则旅游日记。需要用英语较为流畅地介绍中华优秀传统文化并表达自己对于正确对待文化差异的观点。	掌握有关节日及习俗的词语;提升对文化差异的敏感度和学会尊重文化差异;在文化的交流和碰撞中树立国际视野,厚植文化自信,弘扬中华优秀传统文化。

从上述案例可知,在外语教学过程中,思政目标可以紧密结合高中阅读材料。如果要打造精品课程,教师必须深入理解阅读材料,不能一味地照本宣科,而是要基于高中生的学习特征,尽可能地让课堂知识高度提炼化,尽可能地实现生成性的教学目标,尽可能地合理拓展知识深度,切实提高教学的质量。

以译林出版社出版的高中英语必修版第二册中拓展阅读"A beginner's guide to exercise"为例,由标题可知这篇阅读材料的主题是运动锻炼,目的是让学生树立正确的生活态度。通过阅读可知,其描述的是青少年锻炼的好处、运动计划的设定、健康饮食、如何避免受伤。教师可以围绕这些小标题,引导学生在阅读中感受运动的重要性,了解运动指南的结构并帮助学生养成健康的生活方式,树立正确的体育运动观。

(二)加强"学生中心"理念,提高学生自主学习能力

以学生为中心是教育的基本理念,但在实际的课堂教学中一些教师还是以其教学需求出发,没有考虑到学生的基本特征。[①] 教师要秉持以学生为中心的理念,使用学生能够认可的课堂话语,建构尊师爱生的师生关系,鼓励学生们在课上积极回答问题,做到学思行合一。同时,要使学生明确其不是为了考试而学习,是为了未来而学习,要帮助学生树立终生学习的理念,养成持久的学习动机,培养学生自主学习的能力。学生自主学习能力的培养受到多方面因素的影响,例如,教师自身的自主性以及教师对学生、

---

① 罗筱娟:《以学生为中心的课堂教学环境建构》,载《教育理论与实践》2020 年第 14 期。

自主学习环境、自主学习资源等的了解。① 教师不仅对学生独立学习能力的培养具有示范作用,而且对启发学生知识和智慧具有促进作用。

帮助学生树立正确的审美观。例如,教师在讲授译林出版社出版的高中必修版第一册第四单元阅读材料"Teen faints after skipping meals"时,可以密切联系教材内容,带领学生分析新闻导语的五大要素,帮助学生掌握新闻的基本事实性信息,并通过完成诊断书让学生熟悉主人公的基本信息和晕倒的原因,通过提问和讨论引导学生将自身代入角色,激发学生的阅读兴趣。阅读中,让学生带着问题去浏览文章,引导学生注意到新闻写作的要素。培养学生的宏观思维,让学生通过泛读和精读去获取、整合有效信息,并从宏观上把握材料内容,理解材料信息。阅读后,教师可以引导学生讨论材料中关于极端减肥的方式,思索其是否恰当并给出理由,通过讨论帮助学生树立健康的生活态度,了解对美的不同看法。此外,教师也可将社会主义核心价值观融入具体的教学中。就本部分而言,教师可以组织学生进行课堂辩论,让学生谈谈什么是美。设计有思想、有温度的课堂,实现课程思政与高中阅读课堂教学的有机融合。

帮助学生树立正确的文化价值观。以译林出版社出版的《普通高中教科书·英语[必修 第一册]》第一单元拓展部分的阅读材料"School life in the UK"为例,话题是校园生活,材料主要阐述的是一名叫 John Li 的学生在英国的校园生活,在进行本部分的教学设计时,可以用若干个问题来启发学生(见表2)。

表2 以问题启发学生

序号	问题	问题类型
1	What is your school life like ?	认知性问题
2	Can you predict what aspects might be included in the passage?	认知性问题
3	What topic does the author talk about?	理解性问题
4	Who is the narrator of the passage?	理解性问题
5	Where did he study?	理解性问题
6	Why did he study here?	理解性问题
7	What's the structure of the narration?	应用性问题
8	How many parts can we divide the narration into?	应用性问题
9	What's the main idea of each parts?	应用性问题

---

① 徐锦芬:《外语类专业学生自主学习能力的构成与培养》,载《外语界》2020 年第 6 期。

续表

序号	问题	问题类型
10	What challenges was he confronted with?	分析性问题
11	How did he overcome those challenges?	综合性问题
12	What are similarities and differences between Chinese school life and school life in the UK?	评价性问题

以问题启发学生,可以帮助学生理解阅读材料的主旨大意和细节信息,可以比较出中英校园文化的相同与不同,可以培养学生的思辨能力和跨文化交际能力。教师可以在学生对比中英校园文化的基础上,逐渐唤醒学生的社会责任感,引导学生成为有爱国情怀的新青年。结合上述教学设计所提及的问题,教师可以决定问题的导向,但是或许学生并没有意识到问题导向的重要性,此时教师要引导学生多加思考,鼓励学生形成问题意识,这有利于学生创新思维的发展和自主学习能力的提高。

（三）充分利用教育媒介,提高文化传播能力

在当今时代,教育媒介极大地促进了教学方式的变革。线上学习极大地引起了人们的关注,学生足不出户也可以进行学习。我们要充分利用教育媒介,开展网络课程思政教育。以某学习平台为例,其可以提供良好的外语学习环境,还可以凭借多样化的"融媒体"教学手段实现教学与课程思政的融合。[①] 该平台号召学生在云端讲述"中国力量"和"中国速度",在创设的语境中,培养学生讲好中国故事的能力,增强学生的文化自信。教师可以立足于微观课堂,引导学生细心观察生活,学会独立思考社会问题。短视频时代,普通人借助媒体有了更多展示自我的机会,教师可以随时更新自己的知识素材库,运用多种教学手段来启发学生,切实贯彻启发式教学的思想。

在新高考的模式下,英语考试中弱化了语法考查而强化了口语、听力、阅读、写作能力考查,因此教师应注重学生综合能力的培养和跨文化意识的提高。以译林出版社出版的《普通高中教科书·英语[必修 第二册]》第三单元"Alex around the world"一文为例,教师在导入环节可以通过请学生讲述自身的旅游经历,激起学生的学习兴趣。在阅读前,教师可以引导学生通过看标题推测文章的内容和体裁,在培养学生推理能力的同时,强化阅读语篇的意识。在阅读中,教师可借助基于日记要素建构的思维导图理清文章大致脉络,帮助学生理解文本,然后剖析日记元素,强化学生的体裁意识。将学生分

---

① 赖春、苏彦方:《外语慕课环境下的自主学习:研究回顾与实践探索》,载《外语界》2021 年第 1 期。

组,要求不同小组的学生处理不同的文本并分享,巧妙构建信息沟,然后启发学生关注中国婚礼的有趣习俗,促进学生综合语言技能的提高。阅读后,可通过对比中国婚礼文化和印度婚礼文化的差异,在培育文化自信的过程中培养学生文化敏感度和高阶思维。最后,教师可以给学生布置作业:以中华优秀传统文化中的某些要素(如茶文化、少数民族服饰特点等)为主题,以短视频(2~5分钟以内)的形式介绍这些优秀传统文化。教师可筛选出优秀短视频,与大家一起分享、学习,总结收获。在英语阅读教学中教师可以立足于阅读语篇来引导学生传播中华优秀传统文化,记录和了解真实的中国,也可以鼓励学生对某个社会热点或社会现象进行深刻思考,使学生积极参与到传播中华优秀传统文化的行列当中去。通过积极运用融媒体技术来参与活动,不仅可以培养学生的批判思维和是非观,还可以将教育的显性功能与隐性功能合二为一,提高学生的跨文化交际能力。

四、结语

本文从理论和实践的角度出发,结合高中英语的教学现状,以期有机融合课程思政与高中外语阅读教学,发挥外语教育的显性作用与隐性作用,增强学生的跨文化交际能力和文化传播能力,积极培养新一代社会主义事业的建设者和接班人。

课程思政理念下的高中英语阅读教学设计
——以译林出版社出版的高中英语教材必修版第三册 Unit 4 为例

黄静思①

高中英语兼重工具性与人文性,是落实课程思政的重要学科。因此,探索高中英语与课程思政融合的有效途径显得尤为重要。我国部分高中学科教学中存在以应试为导向,忽视综合素质培养,忽视对课程蕴含的思政元素进行开发与利用的问题。② 在"课程思政"这一教育理念的要求下,高中英语要充分利用人文学科蕴含的思政资源,将思想政治教育融入教书育人的全过程,在语言知识传授与学习能力培养中强调价值引领,推动育人主战场从"思政课程"向"课程思政"扩展。③

一、课程思政的内涵与意义

首先,课程思政不能与思政课或思政教育画等号,它要求将思想政治教育融入思政课程外的其他学科教学中,将育人阵地由单一思政课程拓展、延伸到其他学科,发挥各学科"隐性育人"的作用,着力发挥各类课程与思政课的协同育人功能。其次,课程思政作为新时代创新的教育理念,体现了从思政课程主渠道育人向课程思政立体化育人的创造性转变。因此,高中英语学科课程思政可理解为立足于英语学科的视角、方法和思维,充分发掘英语学科所蕴含的思政元素,在课堂教学过程中兼重知识传授、能力培养、情感与态度塑造和价值观塑造的教育理念。

---

① 作者简介:黄静思,女,湖南湘潭人,湖南科技大学外国语学院教育硕士。
② 张浩、张文霞:《高中英语教师视角下高考英语科目对高中英语教学的反拨作用——基于一项大规模全国性调查》,载《外语教学理论与实践》2020 年第 3 期。
③ 高德毅、宗爱东:《课程思政:有效发挥课堂育人主渠道作用的必然选择》,载《思想理论教育导刊》2017 年第 1 期。

二、高中英语教学融合思政教育的必要性

教材、教师、学生是课堂教学活动的三个基本要素。教材是教学内容的主要载体，教师是教学活动的主导者，学生是教学活动的主体，它们会从不同角度、不同层面对教学活动和教学质量产生不同的影响。

表1　译林出版社出版的普通高中英语教科书必修版第一册到第三册所有单元的主题汇总

	Title	思政元素
第一册	Unit 1 Back to school	认识自身潜力（人与自我）
	Unit 2 Let's talk teens	家庭关系（人与社会）
	Unit 3 Getting along with others	人际交往（人与社会）
	Unit 4 Looking good, feeling good	健康生活（人与自我）
第二册	Unit 1 Light, camera, action!	—
	Unit 2 Be sporty, be healthy	体育锻炼（人与自我）
	Unit 3 Festivals and customs	文化习俗（人与社会）
	Unit 4 Exploring literature	文学素养（人与自我）
第三册	Unit 1 Nature in the balance	环境保护（人与自我）
	Unit 2 Natural disasters	环境保护（人与自我）
	Unit 3 The world online	人类命运共同体（人与社会）
	Unit 4 Scientists who changed the world	民族自信（人与社会）

从教材内容编排来看，《普通高中英语课程标准（2017年版2020年修订）》中明确指出教材涵盖3大主题并将其分为32个子主题。[①] 分析湘潭市高中英语教学使用的译林出版社出版的普通高中英语教科书必修部分（共三册，12个单元），我们发现其中蕴含着丰富的思政元素。例如，必修版第一册 Unit 1 的主题为"人与自我"，教师需引导学生意识到自身潜力是无限的，从而树立正确的人生观，鼓励学生为了实现自我价值而努力奋斗。必修版第二册 Unit 3 的主题为"人与社会"，通过学习，学生要了解不同民族、不同国家习俗上的差异，领会文化的多样性，铸牢中华民族共同体意识。此外，必修版第三册 Unit 1 和 Unit 2 的主题为"人与自然"，完成单元学习后，能够增强学生保护环境的责任感，培养环境保护意识。总体而言，本套高中英语教材中蕴含了丰富的思政元素，为高中英语教学与课程思政的融合创造了良好条件。

---

①　中华人民共和国教育部：《普通高中英语课程标准（2017年版2020年修订）》，北京：人民教育出版社。

由于课堂教学时间的限制,部分教师急于完成语言知识点的教学任务,将大部分时间用于讲解句型或词汇,忽视了英语学科的人文性。[①] 而语言反映的是思维,英语作为一门语言,体现了英语母语者的思维方式、文化以及价值观。学生接触到这些外来文化时,需要得到及时有效的文化自信引导,因此,思政教育与高中英语教学的融合显得尤为重要。但在部分高中由于教师认识不足、课堂时间有限等原因,英语教学与思政教育融合不足。

从教师教学实践来看,结合文献阅读及自身教学经验,笔者发现当前部分高中由于缺乏"育人导向",英语教学活动设计中存在单一化、浅表化的问题。从活动内容及活动形式来看,这些活动设计大多局限于对文章的理解,如将文章内容排序、寻找细节信息填空、根据文章内容回答问题等,缺乏对文本内涵的深入思考,这使得学生对教材所传递情感、态度的理解大多局限于浅层,学生难以结合自身经历感知教材传递的情感,育人效果不够理想。然而当前我国"课程思政"的实践研究主要集中在高校,如何将"课程思政"融入高中阶段学科教学仍缺乏足够的指导。纵使教材中蕴含大量思政元素,但在教学实践中深化思政教育仍是落实课程思政理念的一大难点。

三、高中英语课程与课程思政融合的课例设计

接下来,笔者将从单元导入及阅读部分的教学设计着手,尝试将课程思政融入高中英语教学。

(一)教学分析

1. 文本分析

What:译林出版社出版的《普通高中教科书·英语［必修 第三册］》的第四单元"Scientists who changed the world"以"人与社会"为主题语境,本单元的阅读部分以"Chinese scientist wins 2015 Nobel Prize"为题,文章体裁为新闻报道,主要讲述屠呦呦及其研究团队发现青蒿素,为世界抗击疟疾做出重要贡献,从而成为中华人民共和国第一位获得诺贝尔奖女科学家的事迹。

Why:通过本文学习,学生能够:体会到屠呦呦及其研究团队在发现青蒿素过程中体现出的优秀品质;领会到埋头苦干、潜心钻研的态度,坚韧不拔、持之以恒的作风,脚

---

① 李静:《我国高中英语课程功能的定位研究》,载《课程·教材·教法》2016 年第 6 期。

踏实地、淡泊名利的品质；认识到自己在当下学习及未来工作过程中应该秉持此类优秀品质，树立正确人生观与价值观。

How：本文是一篇新闻报道，文章采用倒金字塔结构展开，按照以事实重要程度依次递减的顺序，把最重要的内容写在前面，然后将各个事实依次写下去，一段只写一个事实，从而陈述全部事实。重点词汇主要涉及医药、实验，如：malaria、deadly、survival、extract、herb、experiment、trial。文章按照时间顺序展开，以 1930、1951、1955 等为标识词。

2. 学情分析

教学对象为普通高中学生，其处于人生观、价值观形成的重要阶段。语言能力方面，虽然大部分学生能够理解故事主要情节内容，但部分学生语言综合应用能力不够强，知识整合能力、逻辑推理能力、分析论证能力较差，且教师需要特别关注对学生的情感和价值观的培养。本单元以"改变世界的科学家"为主题，学生对于此类主题较为熟悉，但对于其思政方面的认识还不够充分，难以主动发现科学家身上所蕴含的优秀品质，缺乏用英语讲述中国故事的能力。

3. 教学目标

在教学前，明确整体教学目标具有重要意义。教师在梳理单元内容，确立主题意义后，要以思政教育为落脚点，在语言知识传授与语言技能培养的过程中深入发掘文本内涵与外延，在设立教学目标时融入思政元素，多角度地设定教学目标。在学习这篇文章后，要达成以下教学目标：

表 2　本课例教学目标

教学目标	
语言能力	理解文章基本内容；掌握本篇新闻报道的语篇结构与语言特点；掌握 intend、malaria、deadly、survival、extract、herb、experiment、refer to、pay off 等生词及固定搭配的用法；
思维品质	通过制作时间表、归纳屠呦呦的优秀品质、分析集体与个人的价值，培养学生的逻辑性、批判性、创造性思维品质；
文化品格	学生能够学习到我国老一辈科学家艰苦奋斗、坚持不懈的科学精神和热爱祖国的高尚情操，增强学生的爱国热情和民族自豪感，进一步坚定学生的民族文化自信，使学生树立正确的人生观和价值观；
学习能力	通过让学生预测新闻报道的内容、猜测词义及小组讨论培养学生的推断、预测、上下文猜测词义等认知能力及合作学习能力。

4. 设计思路

（1）创设语境，引入语篇

《普通高中英语课程标准（2017 年版 2020 年修订）》中明确指出，主题语境涵盖"人与自我""人与社会""人与自然"三大范畴。[①] 在课堂的导入环节，教师应从单元主题语境出发，利用教材或课外资源，以图片、音频、视频等方式将相关信息展示给学生，为学生后续学习创设情境，调动学生学习兴趣、并从整体出发，围绕主题确定本单元需要重点关注的板块、语篇和内容，细化课时目标，明确教学时间。

（2）理解语篇，领会情感

语篇是教学的基础资源，以其逻辑结构、信息内容、文本特征及语言形式，赋予英语学习主题情境及内容。教师在教学过程中需要立足语篇，通过对文本内容的分析梳理，引导学生与文本、作者对话，发现文本中隐藏的内涵，从而升华语篇主题，感知语篇内在情感、态度与价值观。

（3）实践应用，重视输出

要实现全方位的育人目标，教师需要重视以产出为导向的小组合作探究活动，提高学生学习的主体意识及能动性。在这类活动中，学生不仅能够理解和掌握语言知识，还能够在合作中发挥个人长处，展示自我风采，发展思维品质。此外，小组合作学习能够打破课堂时间限制，将语言学习延伸至课外，促使学生巩固所学知识，将语言知识转化为语用能力，提高语言综合运用能力。

（4）课后巩固，创新迁移

《普通高中英语课程标准（2017 年版 2020 年修订）》倡导教师设计融语言、文化、思维为一体的活动，使学生能够在把握语篇内容及意义的同时发展多元思维和批判性思维，提高学生英语学习能力和运用能力。[②] 在进行本语篇的学习后，学生对于重点词汇、词组及文本结构有了基本掌握，对于文本隐含的情感、态度与价值观有了较为深刻的理解。课后，教师可以再设计一些创新迁移类活动，让学生进一步巩固课堂知识，在完成迁移任务的过程中运用目的语知识，促进其对单元主题、情感、态度的理解、体验和记忆，使学生在真实情境中感悟、深化情感价值。

（二）教学过程

第一部分：情景导入

---

① 中华人民共和国教育部：《普通高中英语课程标准（2017 年版 2020 年修订）》，北京：人民教育出版社。
② 中华人民共和国教育部：《普通高中英语课程标准（2017 年版 2020 年修订）》，北京：人民教育出版社。

Step1 教师提出以下问题：

Q1：Have you ever dreamt of becoming a scientist？

Q2：Can you give some examples of Chinese scientists who you are familiar with？

【设计意图】

本单元以"人与社会"为主题语境，话题为"科学家、科学发现和科学精神"。开始本单元的阅读教学前，教师可利用提问创设互动情境，并引出科学家这一主题人物，与本节课的阅读内容紧密联系，逐步导入，利用学生已有知识激活思维，开发话题资源，为后续教学活动的开展奠定良好的基础。

Step2 教师播放袁隆平分享研究杂交水稻经历的英语演讲视频，基于视频提出"袁隆平怀着'禾下乘凉梦'的情怀，为杂交水稻的研究付出了自己的一生，这是怎样的精神？""他的研究成果对于民族、国家甚至世界有怎样的意义？"等问题，并开展头脑风暴。

【设计意图】

观看视频，能够培养学生"看"的能力，带领学生进行头脑风暴，激活学生已有语言背景知识。基于所提问题，学生能够结合自己已有知识进行深度思考，这样不仅能够熟悉本单元涉及的主要话题，还能从中领会到梦想的力量、贡献的价值，更直观地体会科学研究道路上的艰辛，由此产生对中国科研人员的敬仰。同时袁隆平流利的英语演讲能够激发学生学习英语的热情，也能培养学生用英语讲述中国故事的热情。

第二部分：阅读

经过单元导入环节，学生已在思想层面对本单元主题有了一定认识。在阅读教学板块，课程思政理念更是要贯穿始终。

Step 1 阅读前

（1）教师请同学生注意语篇标题"Chinese scientist wins 2015 Nobel Prize"。并请学生们完成任务。

（2）教师将带有屠呦呦照片及其名字来源（"呦呦鹿鸣，食野之蒿"）的图片用幻灯片展示出来，同时提出需要讨论的问题：

Q：Who is she？／Do you know anything about Tu？

学生讨论完毕后，教师引导学生再次关注语篇标题，根据标题对语篇的文体及内容做出预测。

【设计意图】

根据标题及导读环节预测语篇内容能够培养学生的推理、预测能力，促进其思维的发展。以《诗经》中屠呦呦名字来源的相关诗句为引言,呈现语篇主题,在这个过程中,学生能够了解屠呦呦姓名的由来,同时也能够体会中华文字之美。

Step 2 阅读中

快速阅读:

在这一阶段学生需要完成任务:

Skim the news report and finish the timeline.

【设计意图】

学生进行首次阅读,在快速阅读的过程中,学生需要根据时间线(见图1)梳理文章发展脉络,把握行文思路。此环节能够培养学生快速阅读并找出关键信息的能力,同时,学生能够提前理解部分关键生词及表达。

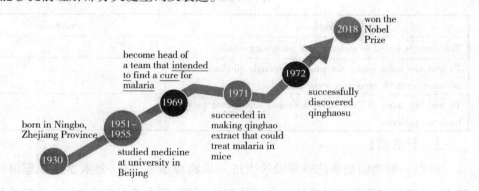

图1 时间线

在这一阶段学生需要解决以下问题或任务:

(1)What message the news report wants to convey? Summarize the main idea of each part and have a discussion with others to find out the structure of news reports.

【设计意图】

学生再次阅读语篇,因新闻报道中专有名词较多,教师可要求学生利用词典通读全文,将重点难点单词、短语做好标记,理解文章各部分大意,大致掌握本篇新闻报道的内容。通过对这篇新闻报道各部分主旨大意的回顾,引导学生发现新闻报道"倒金字塔结构"的特性,即越重要的内容越靠前。为课后创新迁移活动的开展奠定语言知识基础。

(2)The teacher has students read the news report again and complete the 5W1H questions table.

Who:Who was the main character of the news report?

What:What honor did she receive?

When：When did she get the award?

Where：Where did she get inspired?

Why：Why did she get the prize?

How：How did she make the discovery?

【设计意图】

以"5W1H"作为支架，帮助学生找到新闻六要素，迅速抓住新闻的重点，同时引导学生关注新闻报道的语言特征，加深学生对语篇关键信息的理解。

（3）Students read the text again and find the solutions to the problems Tu Youyou encountered during her research, and complete the following table.

表3　问题—解决归纳表

Problems	Solutions
The extracts failed to produce any promising results.	
Tu and her team could not produce enough qinghao extract because research resources were limited.	
Tu and her team did not have sufficient safety data to start trials on patients.	

【设计意图】

问题—解决归纳表能够帮助学生进一步梳理细节信息，要求学生在理解问题的基础上，思考如何帮助屠呦呦的研究团队解决问题，旨在培养学生创新、批判的思维。在完成上表的过程中，能够培养学生信息归纳、概括的能力，同时也能让学生从思想层面感悟科学研究过程的艰辛，学习屠呦呦及其研究团队不畏困难、一心向前的精神。

（4）Students read the text again and work in pairs to discuss the following questions：

Q1：What qualities did Tu Youyou show as a scientist? Find detail information to support your ideas.

Q2：Tu Youyou is the first Chinese female scientist to win a Nobel Prize. In your opinion, what is the significance of this achievement?

【设计意图】

引导学生在理解的基础上，重点梳理语篇中的中国元素。学生在合作讨论的过程中，思考屠呦呦作为科学家所具备的优秀品质以及研究青蒿素的意义，同时寻找文章中的论点支撑。深入思考中国传统医学的价值，同时加强学生利用英语传播中华优秀传统文化的意识。这种活动的目的不单单是引导学生使用英语，更是引导学生深入体会文章隐含的价值取向，将学科育人的意识贯穿在活动的过程中。

Step 3 阅读后

将同学们每四人分为一组，基于屠呦呦使感染者得以存活并改善了其健康状况，准备一篇题为"What I can learn from Tu Youyou"的演讲。

【设计意图】

从语篇中的思政元素出发开展阅读后的演讲活动，旨在帮助学生回顾本节课的文本内容，领会屠呦呦研究团队刻苦钻研、不畏困难的品质，帮助学生树立正确的人生观、价值观，将立德树人落实到教学中。同时，演讲活动可以锻炼学生的口语能力，避免其走入"哑巴英语"的困境。

Step 4 家庭作业

课上，学生通过理解语篇及实践应用活动，获取了屠呦呦科研经历的相关信息，并从中感悟到科学家的精神。除了英语课堂中的思政教育，在课后常用的加强思政教育的方法是组织学生基于特定任务展开小组合作学习。基于单元主题情境，设计以学生为中心的学习活动，是培养学生核心素养，让学生成为具有中国情怀、国际视野和跨文化沟通能力的时代新人的重要途径。① 因此，教师在课后可以布置以下练习：学生以"中国科学家"为主题，每个小组任选一位中国科学家，制作一篇完整的英文新闻报道；鼓励学生从所选科学家的故事中汲取思政养分，最后选出几个小组在课前进行三分钟的英语口语新闻播报。

【设计意图】

为提高教学效率与教学质量，课后布置产出型任务，在明确的任务目标驱动下，学生能够及时、高效地进行目的语输出，切实提高语用能力。学生学习新闻报道类文章后，完成迁移创新任务，能够加深对已学单词、语法、句型、语体特征等语言知识的掌握，口语播报环节能训练学生"说"的能力，经过此环节，学生已经跳出学科的限制，发挥在教学中的主体作用，这提高了学生的参与度，培养了其合作的能力。此外，在此过程中，学生深入了解了中国科学家背后的故事，增强了民族自豪感，这也是本课育人的重要目标之一。

四、课后反思

总而言之，该教学设计以课程思政理念为指导，教学过程以学生为主，根据课标要

---

① 梅德明：《培养具有中国情怀、国际视野和跨文化沟通能力的时代新人——〈普通高中英语课程标准（2017年版）〉的学科育人观及实现路径》，载《人民教育》2018 年第 11 期。

求的教学目标及现实学情,深挖教材中蕴含的思政元素。同时借助丰富的网络资源以及多样的任务、活动的设计,打破了传统英语课堂偏重语言知识讲解的局面,将语言知识与个人情感相结合,在这个过程中,引导学生深入探究语篇主题意义,落实课程思政育人目标。

虽然本节课将思政元素融入了高中英语教学,但教学设计中仍存在一些不足。

一方面,由于英语学科缺乏系统的课程思政教学体系,此类课程思政与语言教学融合的教学目标能否达成,很大程度上取决于教师的思想政治水平以及教学水平,落实课程思政的效果"因师而异"。

另一方面,以往教师所提的大多数问题基于教材阅读部分的练习而设计,其答案基于文本,学生仔细阅读文章就能找到答案,虽然回答此类问题难以培养学生创造性及批判性思维,但因其难度低,学生参与度较高。本课例设计中,教师提问方式较灵活,阅读过程中教师所提问题由主旨大意向文本细节及价值思考过渡,学生回答问题的难度增大,易导致部分学生课堂参与度降低,可能会引起部分学生的焦虑。

五、结语

语言不仅是一种交流的工具,还是文化的载体,英语作为一门工具性与人文性兼具的学科,蕴含着丰富的思政元素。在课程思政这一理念指导下,教师作为教学活动的引导者,应该自觉提高思想政治意识,精心进行教学设计,充分挖掘教材中的思政元素,从阅读语篇中获取思政教育资源。课程思政理念下的高中英语阅读教学设计,需在教学的各环节、各方面融入课程思政,体现《普通高中英语课程标准(2017年版2018年修订)》中阅读教学的目的,落实高中英语学科育人的目标。

基于产出导向法的高中英语
阅读课程思政教学设计
—— 以译林出版社出版的高中英语教材必修版第三册 Unit 1 为例

李思雨　尚巾斌①

　　外语课程思政将思想政治教育课程中的育人因素融入外语课堂教育教学的各个环节中,使知识技能的学习与价值塑造无缝衔接,从而帮助学生形成正确的三观,达到人才培养的目的。② 2020 年教育部印发的《高等学校课程思政建设指导纲要》提出"将课程思政融入课堂教学建设全过程"。各大高校纷纷进行课程改革,将思政元素融入课堂教学中。而在高中阶段,将思政元素与课堂教学相结合的研究目前处于起步阶段。在某论文检索网站上检索同时包含"高中英语"与"课程思政"两大主题,或者是与"高中英语课堂、英语教学、思政元素、思政"相关的文献,检索结果较少。记录显示思政相关主题的研究范围主要集中在高职、大学;研究方向以路径探究、实践研究、应用研究为主。

　　英语作为一门外国语言,既是交流的工具,也是文化的载体。高中学生通过义务教育阶段英语课程的学习,已掌握了一定的英语语言文化知识,但在语言知识转化为输出技能的方面仍存在一些问题。教师不应该只注重学生知识的汲取,而要以知识为手段来促进学生英语运用能力的发展。③ 文秋芳教授针对外语学习"学用分离"的问题,提出了产出导向法。本文以产出导向法为指导,来进行高中英语课程思政的教学设计。

---

　　① 作者简介:李思雨,女,湖南怀化人,湖南科技大学外国语学院在读研究生;尚巾斌,女,湖南湘潭人,湖南科技大学外国语学院副教授,博士,硕士生导师。
　　② 杨蔚:《外语专业教育中的课程思政研究》,载《当代教育理论与实践》2020 年第 3 期。
　　③ 文秋芳:《构建"产出导向法"理论体系》,载《语教学与研究》2015 年第 4 期。

一、产出导向法教学理念

产出导向法(production-oriented approach,简称 POA)是由文秋芳教授针对外语教学中"学用分离"的问题,通过对《实践论》《矛盾论》和《学记》等传统教育经典以及课程论和二语习得理论的研究而提出的外语教学理论。① POA 经过十余年的发展,从最初的"输出驱动假设"到"输出驱动—输入促成假设"再到现在的 POA,形成了比较完备的POA 体系。

POA 体系的教学流程由"驱动""促成""评价"三个环节构成。其中,"驱动"与"导入"最大的不同就是,"驱动"是让学生通过完成课前驱动任务,意识到自己的不足而不只是引导。"促成"环节的主要目的就是为学生提供所需材料。"评价"环节中的教师对学生的评价,可以从内容和形式两方面展开。同时,教师将及时评价与延时评价相结合,力图使每个学生都能得到相应的反馈。

POA 体系包含了三大教学理念。其中"学习中心说"破除了教师与学生相对立的状态。"学用一体说"是指在对学生进行听、读知识技能输入的同时,也要进行相应的说、写、译练习,从而使"学"与"用"结合。"全人教育说"既关注学生综合语言运用能力的培养,又重视学生人文素养的提高。

产出导向法的输出驱动假设主张学习者可以选择说、写、译中的一种或几种输出技能作为学习目标。② 本设计选择以阅读为输入模式,以学生写作为产出目标。

二、产出导向法指导下高中英语阅读课程思政教学设计

本文以译林出版社 2020 年出版的《普通高中教科书·英语[必修 第一册]》第一单元的"Realizing your potential"一文为例进行教学设计,探讨英语阅读课程与思政元素的融合。

(一)教学内容

本课例的教学内容选自《普通高中教科书·英语[必修 第一册]》第一单元"Back

---

① 文秋芳:《"产出导向法"的中国特色》,载《现代外语》2017 年第 3 期。
② 文秋芳:《输出驱动假设在大学英语教学中的应用:思考与建议》,载《外语界》2013 年第 6 期。

to school"。本单元包括"Welcome to the unit"及"Reading"两部分的内容。"Welcome to the unit"部分要求学生观看视频,回答与 Wendy 和 Stephen 相关的问题,然后邀请学生分享自己对于高中生活的感受和未来的学习计划。这样可以联系学生实际情况,激活其与这一主题有关的背景知识,为后续阅读部分做铺垫。

Reading 部分的文章标题为"Realizing your potential",语篇类型为演讲稿,包含开场白、演讲要点和结束语这三个必要部分。作者在演讲中运用了排比、重复、设问等修辞手法,使得整个演讲情绪层层递进,从而实现演讲的意图。文章主旨是"发挥自我潜能",文章通过向学生解释潜能的内涵和实现潜能的内、外因素,让学生正确认识自我,努力发掘自身潜能。

本节课为本单元学习的第三课时,本课时教学的主要内容是对"Realizing your potential"一文进行语言和结构的深层次分析,为学生提供语言知识及内容,从而帮助学生实现产出目标。本课时的产出目标是让学生以"My high school life"为题,写一篇演讲稿。本课时的教学目标是学生在教师的指导下,通过小组合作、讨论、语言练习等方式,掌握一定的语言知识和技能,并在课文的学习过程中树立正确认识自我、探索自身无限潜力的意识。同时,教师要引导学生将所学内容与生活实际相结合,帮助学生了解挖掘潜能的重要性,使课文主题得到升华。

（二）学情分析

1. 知识基础储备

本设计的授课对象为高一学生,英语水平总体较好。经过初中阶段的学习,学生已掌握 1500～1600 个英语词汇,已具备进行高中阶段阅读与写作的基础。通过九年义务教育阶段的学习,学生已积累相关的学习方法、策略,掌握一定的语法知识和语篇结构,能够对文章的内容进行初步的整理归纳。虽然这一阶段的学生对演讲这一体裁有一定程度的接触,但对演讲基本结构、特点缺乏系统且深入的理解,需要在阅读过程中对其进行相应的指导。

2. 心理特点

高中新生刚入学时,自我管理、监控、认知、调节等方面的能力相对较低,面对新的教学环境、新的学业压力、新的同学及老师,往往会不知所措,内心惶恐不安。同时,他们又对即将来临的高中生活充满了好奇与期待。因此,本单元的学习内容契合学生的心理需求,能够帮助学生树立自信,乐观面对自己的高中生活。

(三)产出任务与教学目标

教师在进行教案设计时,首先要对文章中蕴含的思政元素进行挖掘。[①] 本课时的产出总目标是要求学生写一篇以"My high school life"为题的演讲稿。教学目标由三个板块构成,即知识目标、能力目标与思政目标。前两种目标是显性目标,后一种目标是隐性目标,三种目标应当有机融合。

1. 思政目标:

(1)通过对高中生活的描述,鼓励学生迎接挑战、应对挑战,从而使学生养成迎难而上、不屈不挠的坚毅品质;

(2)通过对潜能的认识和探究,让学生正确认识自己,不断挖掘自身潜力;

(3)通过引经据典"千里之行,始于足下",让学生形成好的学习习惯,从一点一滴做起。

2. 知识目标:

(1)掌握课文中的一些重点词句,如 potential、of equal importance are 等;

(2)掌握课文中的重要修辞手法并能体会其作用,如排比;

(3)掌握课文中的重要语法知识,如平行结构、倒装句、定语从句。

3. 能力目标:

(1)能够写出潜力的不同英文表达方式,培养学生语言表达的准确性和逻辑性;

(2)能够识别、判断课文句子所用的修辞手法及从句的类型;

(3)能够运用平行结构、定语从句及重点单词等语言知识进行造句。

(四)设计思路

本文的教学设计在产出导向法的框架下进行,在已有的"驱动""促成""评价"三个环节中,本文新增"主题升华""呈现产出""课后任务"三个环节。教师在这六个环节中,通过对语言知识技能的讲解,将预先挖掘的思政元素自然地融入各个环节中,从而实现相应的知识目标、能力目标及思政目标。

在驱动环节,教师以任务为导向对学生进行驱动,使学生在完成任务过程中发现自己的不足,激发学生学习欲望。在促成环节,教师为了使学生能够顺利地完成本节课时的产出总目标,对学生进行语言、结构、内容三方面的促成。教师在讲解重点单词 po-

---

① 刘正光、岳曼曼:《转变理念、重构内容,落实外语课程思政》,载《外国语》2020 年第 5 期。

tential 时,通过向学生介绍 potential 的不同表达方式,如 promising, have the mask of sth.,diamond in the rough,培养学生语言表达的准确性和逻辑性。教师可在解析平行结构、倒装句和定语从句等重要语法知识和句型时,自然融入中华传统文化知识和技能,如朱熹的朱子读书法,六艺等思政元素。此外,教师还可通过文本阅读、小组讨论、图片或视频展示等方式为学生提供丰富的输入材料,为写作的内容输出提供积极的促成。在主题升华环节,教师可通过设置的问题,引发学生的思考,帮助学生正确认识自我。在之后的环节中,学生提交产出成果,教师可进行点评并给学生布置相应的家庭作业。

(五)教学过程

本章教学共四课时,本节课是该单元的第三课时,教师可以以幻灯片的形式对前两节课的内容进行简要梳理复习,时间为 5 分钟。前两节课主要从"课前任务驱动""课中呈现产出""课中结构促成"三个方面展开。

【课前任务驱动】教师让学生以"My high school life"为题,写一篇演讲稿,不限字数和时间。教师向学生提出写作要求:(1)写作内容应描述对高中生活的感受,未来的学习规划,自己的优势及不足;(2)写作尽量一气呵成,写作过程中不能翻阅参考书或者范文;(3)写作任务完成后,拍照传给教师查阅。

【课中呈现产出】教师采取抽签的方式,让三到五名学生进行课堂展示。然后进行学生自评、互评,以及教师点评。

【课中结构促成】教师在对学生的写作成果点评之后,对学生进行结构促成。结构促成以泛读和精度两种方式开展。第一,泛读,教师让学生在规定的时间内对文章"Realizing your potential"进行快速阅读,找到文章每一段的主题句,把握文章的主体结构。第二,精读,教师让学生对文章进行仔细研读,归纳实现潜力的方式,并回答相关问题。

前两节课已完成文章结构的了解以及促成阶段的结构促成。本节课是对上节课促成阶段的延续,因此教师可继续向学生提供语言促成及内容促成,从而帮助学生达到本节课时所设定的产出目标。

1. 输出驱动

教师向学生发布课前驱动任务:第一,要求学生通过精读找出课文中的全部平行结构;第二,要求学生根据在课文找出的平行结构,以"潜力"为话题并运用一定的修辞手法以英语进行造句。之后,请学生们以小组的形式讨论在课文中的修辞手法个数,并总结讨论成果,由每小组的组长提交最后的成果。课上,教师可采取随机点名的方式让学生展示自己所造的句子,并描述所造句子中的修辞手法。最后,教师提供优秀范例,并就学生的造句情况进行总结与反馈,此环节所需时间为 5 分钟。

【设计意图】课前驱动任务可以帮助教师了解学生对平行结构的掌握程度,以便对其提供相应的指导。此外,驱动任务的设计虽然具有一定难度,但能够激发学生的学习欲望。以"潜力"为话题进行造句,能够让学生意识到潜力的重要性,还可以提升学生的语言表达能力和逻辑思维能力。

2. 输入促成

输入促成由语言知识促成和内容促成两大部分构成,这两大部分在课堂上所需时间为 15 分钟。

(1)语言知识促成

1)重点单词 potential 多维讲解

A. 词形变化:potentials、potentially、potent

B. 词性变化:potential adj. 潜在的,potentials n. 可能性,potentially adv. 潜在地

C. 相关搭配:have the potential to do sth. 有做某事的潜力

　　　　　　potential for (doing) sth. (做)某事的可能性

D. 不同表达方式:

表 1　潜力的中英文表达

中文	英文
潜力	potential
	prospective
	diamonds in the rough
	have the makings of sth.
	promising

【设计意图】学生正处于基础阶段,对 potential 一词的用法了解甚少。通过教师对 potential 一词的讲解,学生能够掌握其词形变化、词性变化、短语搭配及不同表达方式,从而构建系统化的知识体系。

2)重要语法知识归纳概括

①平行结构定义:平行结构是在写作中把同等重要的内容成分安排在句、段甚至语篇中,使其平行发展。[①]

②平行结构类型:单词平行结构、短语平行结构、从句平行结构、句子平行结构及段

---

① 郭飞:《平行结构修辞与英语语篇解析》,载《东北师大学报》2011 年第 2 期。

落平行结构。

③ 任务练习：小组合作,课文中共有八处平行结构,通过小组讨论,让学生将它们归入相应的类型中去。

【设计意图】部分学生只将同样的词、短语及句子识别为平行结构,对于平行结构的理解不够到位。教师通过对平行结构类型的归纳总结,加深学生的理解,巩固学生的学习成果。学生学会用平行结构进行造句,有利于掌握写作技巧,感知排比的特征,感悟语句的魅力。

3）重要句子深度剖析

句子一：Of equal importance are good study habits, useful skills and a positive attitude.

①句子分析：此句为一个完全倒装句。主语是 good study habits、useful skills 和 a positive attitude, are 是系动词,of equal importance 是表语。为了保持句子结构的平衡或强调表语,本句将表语置于句首使句子成为倒装句。

②知识导入。文中对 potential 这一核心词有明确的解释,但对其余词汇及短语的解释是相对模糊的。因此,教师在向学生讲解倒装句结构的同时,要让学生明确什么是 good habit、useful skill 和 positive attitude。同时,教师要让学生清楚：细致规划学习、设定目标、平衡学业与课外活动等是好的学习习惯;交际能力和解决问题的能力是有用的技能;即使身处困境也不失去希望是积极的态度。此外,教师还可以在此处融入中华优秀传统文化或向学生展示中国历史名人相关事迹等。如,向学生讲解中华传统文化中的"六艺",即礼、乐、射、御、书、数六种技能;朱熹的朱子读书法等。

③任务练习：讨论交流,让学生以小组为单位就"自身的学习习惯、学习技能及学习态度"发表看法。

句子二：As Lao-Tzu wisely said, "A journey of a thousand miles begins with a single step."

①句子分析：本句中"As"引导的是一个非限制性定语从句,它指代后面一句话的内容。

②知识归纳：

as 引导非限制性定语从句时,有"正如"之意,常放在主句之前,有时也放在主句之后或主句之中。

as 引导限制性定语从句时,先行词常被 the same、such、as、so 等修饰。

③知识拓展：

表2 名言警句的不同表达

中文	英文
学而不思则罔,思而不学则殆	Study without thinking leads to confusion; thinking without study ends in puzzlement.
言必行,行必果	Keep what you say and carry out what you do.
己所不欲,勿施于人	What you do not want done to yourself ,do not do to others.

④巩固练习:句子翻译

正如维克多·雨果(Victor Hugo)曾经说过:"笑容如阳光,能驱走人们脸上的冬天"。

关于这一点,直到今天也没有人能比查理·卓别林(Charlie Chaplin)做得更好。

【设计意图】通过对句子的分析及知识拓展,学生不仅可以掌握句子的正确用法,而且能进行简单的句子翻译,提高产出能力。同时,在讲解过程中教师采用的不同表达形式有利于培养学生的思维。此外,以中文和英文对照形式出现的经典名言警句可以让学生感知不一样的文化美,并为学生写作提供丰富的素材。

(2)内容促成。学生在学完"Realizing your potential"一文后,已有了一定的内容积累。教师为了拓展学生的写作思路,为学生提供写作素材,可以让学生浏览教材中的拓展阅读文本"School life in the UK"。此外,教师可以组织学生以小组为单位就"潜能"和"高中生活"这两个话题开展讨论,通过头脑风暴的方式汇集写作内容素材。最后,教师还可以向学生展示与课文主题相关的视频和图片。

【设计意图】对学生进行内容促成,使学生在写作时有内容可写。同时,打开学生的格局,使其所写内容具有一定的深度和广度。

3. 主题升华

在本课学习结束之后,学生在语言、文章结构等方面都有了一定的收获。教师还可以引导学生将外在知识进行内化。可通过设置一些问题,引导学生正确认识自己,发挥自身无限潜力。此时,教师可让学生进行独立思考,并提供相应的指导,然后让学生以自愿的方式上台发言,呈现产出,此环节所需时间为7分钟。问题如下:

Q1：What are your strengths and weakness?

Q2：What potential do you think you have?

Q3：What is the relationship between realizing one's potential at senior high school and achieving one's life goal?

【设计意图】通过将课堂中所学内容与学生生活实际相联系,能够深化学生对课文主题的认识,培养学生的语言运用能力。此外,上述三个问题的设置能够引导学生进行深入反思,通过不断认识自我挖掘自身潜力,促进个人发展。

4.呈现产出

本节课的主要产出目标是学生能够写出一篇以"My high school life"为题的演讲稿,写作时间为 13 分钟。随着促成阶段的完成,学生便能够按照所学内容对驱动时的演讲稿进行修改,达到最终的产出目的。教师可先让学生进行互评,然后教师选取典型样本进行点评,给予学生及时的评价。

5.课后任务

(1)根据教师的反馈,对演讲稿进行再次修改;

(2)背诵课文中重点段落,并注意语音语调;

(3)默写重点单词、短语及句子。

6.延时评价

由于课堂时间有限,需在课后进行延时评价。在有限的课堂时间内,教师对学生演讲稿的点评无法面面俱到,学生也没有充足的时间做出修改,所以教师需要在课后继续进行评阅。学生在听取教师的修改意见之后,根据修改意见,对自己的演讲稿进行再次修改,并提交最终的产出成果。

(六)教学反思

本设计以 POA 理念为指导,将思政元素融入高中英语阅读教学中,为显示其育人、教学的效果,笔者从教学内容、学情分析、教学目标、教学过程等方面进行分析。

第一,材料选取合适,目标定位精准。"Realizing your potential"一文贴近学生生活,容易引发学生思考,学生在熟悉的话题下更具表达的欲望。本课教学目标的设计与传统的三维目标的设计有所不同,本课教学目标的设计更凸显思政目标。此种做法是为了突出思政育人在教学中的重要地位。同时,知识目标、能力目标与思政目标这三种目标在本课的设计中得以相互融合。

第二,教学过程中,教学形式多样,学生知识技能与素养可得到一定程度的发展。在教学过程中,教师多次采用小组讨论的方式(如讨论自身的学习习惯、技能及态度),引导学生独立思考,促进学生思维能力的发展。同时,这些小组讨论也能极大地培养学生的独立意识及合作意识。

第三,教师需要具备较高的思政素养。教师要对文本深入解读,找到文章中蕴含的思政元素,才能将其与教学设计相融合。如果教师思政素养较低,挖掘的思政元素就不够深入,甚至有可能偏离文章的思政主题。为了让学生的核心素养得到最大限度的发展,教师应以马克思主义理论为指导,深入了解思政课程内容体系,对其包含的宏观、中观、微观三个层次的内容有明确的认识。此外,教师应仔细研读课本,解读时事热点材料,了解国家相关文件,加强自身的思政理论建设。

三、结语

产出导向法与英语课程思政相结合的教学设计思路,在教学中的意义积极深远。本文基于产出导向法教学理念,通过输出驱动、输入促成、主题升华、呈现产出、课后任务、延时评价六个教学环节,将思政元素的显性输入与隐性输出相对接,实现了教书育人的目的。此种设计思路不仅有助于解决传统教学中学生知识学习与产出相分离的问题,还能极大地促进学生英语学科核心素养的发展。在此过程中,教师一定要提高自身的思政素养,做好表率。

POA 理论下课程思政融入高中
英语读写教学案例

——以译林出版社出版的高中英语教材必修版
第二册 Unit 2 阅读文章为例

彭南三　张　琪①

普通高中英语教育强调对学生知识、能力与人格的综合培养,帮助学生增长知识,提高能力,增强爱国情怀,坚定文化自信,树立正确的世界观、人生观和价值观。而"产出导向法"(POA)是文秋芳教授结合教学需求提出的新型教育教学理论。本课例以POA 为理论基础,以译林出版社出版的《普通高中教科书·英语[必修 第二册]》中第二单元的阅读文章"A beginner's guide to exercise"为例,运用了"任务驱动—输入促成—产出评价"的教学流程设计教学案例。本文提出以读促写的思路,通过读写结合,总结出"过程分析写作法"的技巧。将思政寓于课程,引导学生树立正确的运动观、价值观,实现育人育才并进、教育教学相融。本案例将课程思政融入高中英语读写教学实践中,将知识传授、能力培养和价值塑造融为一体,从而落实立德树人的根本任务。

一、理论依据

本案例是基于产出导向法理论体系的一堂读写课。产出导向法即 POA(production-oriented approach),是北京外国语大学文秋芳教授提出的符合当前中国英语现实教学需求的新型教育教学理论。POA 理论体系主要由教学理念、教学假设和教学流程三部分构成。② 旨在帮助部分教师走出教师主导教学,学生被动学习的困境,解决英语教

---

① 作者简介:彭南三,女,湖南人,湖南科技大学外国语学院在读研究生;张琪,女,湖南人,湖南科技大学外国语学院,研究生导师,教授。

② 文秋芳:《构建"产出导向法"理论体系》,载《语教学与研究》2015 年第 4 期。

学中学用分离、效率不高的问题。文秋芳的 POA 理论吸取了二语习得领域的重要研究成果,提出了以教师为中介的三个教学理念:"学习中心说"、"学用一体说"和"全人教育说"。

"学习中心说"强调在课堂环境中所设计出的活动要促进有效学习的发生,进而促进语言学习目标的达成,实现学生高效学习和教师高效教学的目的。POA 理论强调教师在进行教学任务设计时首先要了解每个学生具体的课程学习需要,而不是简单地思考谁占主导地位。[①] POA 理论提倡的"学习中心说"不同于传统的"以学生为中心"的理念,其倡导在有限的课堂教学中,教师要精心设计教学活动,保证教学中的每一环节都能体现出其意义,进而达成预期的教学目标。[②]

在"学用一体说"理论中,"学"指的是输入,"用"指的是产出,POA 理论强调,应将输入和产出相结合,在学中用,在用中学。[③] 它是针对"学用分离""课文至上"等传统教学方法提出的一种学习假设,强调输入与有效输出的有机结合,主张课堂中教学任务的设计和教学活动的安排要与现实的交际应用联系起来,从而实现输入学习与输出应用的无缝衔接。

"全人教育说"是指教育要为人的全面发展服务,英语课程不应该只是培养学生运用语言的能力,更要考虑到学生智力、情感和道德等方面的培养,以及基本的综合文化素养、文学欣赏和批评水平以及批判性思维能力等方面的培养。[④] 与传统的工具性目标占主导地位不同,现今的外语课程目标是工具性和人文性目标的统一结合,即培养学生运用语言的工具性目标与注重人文素质的人文性目标并重,缺一不可。

POA 理论提出了"输出驱动""输入促成""选择性学习"的教学假设。"驱动""促成""评价"是该理论中教学流程的核心要素和实施关键。在驱动环节,教师呈现交际情景,并布置具有"潜在交际价值"的任务,使学生意识到自我语言形式的缺失。这样可以激发学生语言发展的需求和潜能。教师提供输出任务中学生所需的输入材料,设计教学活动引导学生有选择地学习,促成其任务输出,即为促成环节。评价环节是对学生在课内、课外产出任务,即学习效果的即时或延时评价,是促进师生发展、提高教学质量的有力保证。

本文结合学生实际情况,强调内容与语言相融合,运用 POA 理论中的教学流程进

---

① 文秋芳:《构建"产出导向法"理论体系》,载《语教学与研究》2015 年第 4 期。
② 文秋芳:《"师生合作评价":"产出导向法"创设的新评价形式》,载《外语界》2016 年第 5 期。
③ 王颖:《"产出导向法"视域下"课程思政"在英语专业写作教学中的体系构建》,载《外国文语》2021 年第 5 期。
④ 文秋芳:《专栏引言:"产出导向法"教学流程再解读》,载《外语教育研究前沿》2020 年第 2 期。

行教学设计,将思政寓于课程,以实现育人育才并进的目标。

二、教学目标

(一)语言能力目标

通过本节课的学习,学生能够做到以下三点。

1.理清课文脉络和结构,理解课文主要内容,提取关键信息。

Part 1：The benefits of exercise

Part 2：How to pan

Part 3：Eating and drinking right

Part 4：Avoiding injury

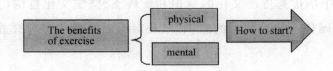

2.了解什么是过程分析法,掌握过程分析法的特点、分类并运用该方法写一篇短文。

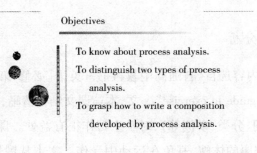

Objectives

To know about process analysis.

To distinguish two types of process analysis.

To grasp how to write a composition developed by process analysis.

3.加强口头语和书面语的表达能力,能够阐述自己对运动锻炼的看法以及如何通过运动促进身心健康。

(二)文化意识目标

1.明确运动的重要性和益处,能够为自己制定合理可行的运动计划,选择适合自己的运动方式,促进身心健康,树立正确的运动观念,增强自信心。

2.通过对文章中太极(tai chi)运动的了解,关注中国传统运动项目,鼓舞学生积极探索中国的传统文化,培养跨文化意识。

（三）学习能力目标

1.通过自主独立探究与小组合作总结"过程分析法"的写作方法和技巧,解决本课阅读与写作过程中的问题,帮助学生养成乐于分享学习资源的学习习惯和学习策略,鼓励学生主动开展课外学习。

2.通过小组合作讨论、探究学习培养学生团结协作、互帮互助的合作精神,并有意识地内化团结互助的中国传统优良美德。

（四）思政素养目标

1.树立通过运动锻炼来提升自我的意识,养成运动的习惯,加强自律意识,弘扬中华体育精神,树立正确的运动观和健康观。

2.树立弘扬中华优秀传统文化的意识和责任感,坚定文化自信(文中的太极运动),培养关注中国传统运动项目的意识,以及对运动文化的包容开放、互学互鉴的态度。

三、教学分析

（一）教学内容分析

本案例中的教学内容选自《普通高中教科书·英语[必修 第二册]》第二单元阅读部分的"A beginner's guide to exercise"一文,本篇课文结构清晰,步骤分明,并且融合了多种写作手法(如设问、分类、举例等),对学生写作很有益处。课文的主要内容是如何进行运动锻炼,拥有健康的体魄,避免在运动中受伤。文本从锻炼的好处、运动计划的设定、健康饮食以及避免运动伤害几个方面展开。

从语篇类型的角度来看,本篇课文是一篇指南,学生需要掌握文本的特点,为后续的写作打好铺垫。从阅读策略的角度来看,要引导学生学会通过文章的标题、小标题和插图来预测文章的主要内容和关键信息。从价值取向的角度来看,本篇课文能够让学生了解运动的必要性和好处,学习相关专业知识,从而树立正确的运动观。本篇课文的话题和内容与学生生活实际联系紧密,有利于提高学生的学习兴趣,提升学生学习的积极性。

本节课是本单元学习的第二课时,主要是在强化课文所学的语言知识(即词组、短语、搭配等)之后,赏析课文修辞手法,疏通文本框架以及逻辑结构,学习过程分析法以及应用"过程分析法"进行短文的书写,并通过讨论,使主题得到升华。

(二)学生学情分析

1. 知识基础

本案例授课对象为高一年级的学生。在经过了高一上学期的学习之后,学生具备了一定的口语表达能力,以及一定的语音、词汇、语法、篇章等语言基础,具备一定的阅读和写作技巧,能够通过阅读来梳理文章脉络和结构,并有提取关键信息的能力,也掌握了一些关于英语写作的方法和技巧。总体来说,本班学生英语基础较为牢固,具备较高的学习主动性和积极性,但在梳理和整合文本的能力上稍有不足,逻辑推断能力和批判性评价能力不够,需在这些方面加强对学生的训练。此外,本班学生高阶性语言的综合运用能力还有待提升,还需全面锻炼语言综合能力,并且还需积累些小组合作完成稍具挑战性的任务方面的经验。

2. 学情剖析

经过一学期的高中生活,学生对于本篇课文所讲深有体会,能产生共鸣,并且能有意识地积极运用所学的词汇和句式来表达自己的观点和感受,同时,经过前面课时的学习,学生已经对本单元话题有了大致把握。此外课前教师已经让学生以小组为单位,创造情景对话,找出阻碍人们开始进行锻炼的原因,以及让学生呈现自己的分析和思考,所以,对于这节课,学生是"有备而来"。该班学生思维活跃,善于表达,积极向上,学习认真,虽语部分同学语音还不够标准,但敢于言说,学生整体学习氛围很好。

四、教学重点和难点

(一)教学重点

1. 理清课文脉络和结构,理解课文主要内容,提取关键信息,了解什么是过程分析;掌握过程分析法(process analysis)的特点、分类、写作范式,以及如何运用过程分析法进行写作。

2. 基于课文内容,以及学生可能遇到的困惑,探讨运动的重要性和益处,树立正确的运动观念,提高运用英语弘扬中华优秀传统文化的意识和责任感,坚定文化自信。升华课文主题,达到思政教育润无声的效果。

(二)教学难点

1. 赏析典型写作方法,如:rhetorical questions、exemplification、classification,以及关于运用过程分析法的写作范式。

2. 学生通过对课文的学习,以及对于过程分析法的学习,能够学以致用,在掌握指南类文章的阅读技巧之后,能够结合生活实际,运用过程分析法写作。

在教学重难点的设计中,本案例除了注重课文中的语言知识教学、课文结构的梳理以及运用过程分析法写作的教学,还注重将思政教育融入各个教学流程中。从该堂课的输入文本而言,思政教育重点从运动的重要性和益处入手,升华课文主题,使学生树立正确的运动观念,挖掘文本思政元素,如文中的太极(tai chi),以此引导学生树立关注、弘扬中华优秀传统文化的意识和责任感,厚植家国情怀,坚定文化自信。从该堂课的输入文本而言,本案例注重引导学生树立正确的运动观,养成良好的运动习惯,进而实现学生身心协调发展,达到思政教育"润物细无声"的效果。

五、教学方法和教学思路

根据教学内容,本单元以 POA 理论中的驱动、促成、评价为教学设计的流程,通过使用讲授法、合作学习法,以及情境教学法等教学方法进行本堂课的设计。首先以任务驱动为起点,布置任务,让学生以小组讨论的形式,讨论出阻碍人们开始进行运动的原因有哪些,发散学生思维。然后创设具体的交际场景:假设你是一个健身房的教练,要对学员进行合理的运动建议。通过该场景的创设使学生意识到自我语言形式中的不足,从而激发学生语言发展的潜能。

在促成环节中,教师为产出任务提供适当的输入材料,帮助学生阅读课文,分析课文结构大意、写作手法,并使用讲授法提供过程分析法的定义、分类以及特点,引导学生选择性学习,促成任务产出。

最后在评价环节对学生在课内、课外产出任务即学习效果进行评价,主要通过师生互评和同伴互评的方式,拉近师生关系、提高教学质量。

学生可以利用思考、分析、探究和对比等学习方式掌握知识点,完成对知识点的内化,提高综合运用语言的能力。同时教师将思政教育贯通于课堂教学中,把价值、知识与能力融汇在一起,最终实现思政教育与英语写作课程教学的协调共同发展,将学生价值理念塑造、知识技能习得和实践能力提升有机融为一体,使学生不仅能在英语写作和表达中真正做到言之有物,还能在生活中自觉履行所学思政内容,为国家培养具备良好人文素养、国际情怀和广阔视野能力的高素质复合型的英文人才。[①]

六、教学过程

产出导向法教学理念及内容与语言相融合是本课整体教学设计思路的基石,激发学生的学习兴趣,从而达成既定的教学目标是本设计的出发点。由此,本课根据该班学生实际情况与教学内容,设计出如下教学步骤:任务驱动、输入促成、产出与评价。同时,本课将学习评价和思政教育贯彻整个学习过程。

本节课教学过程设计(45分钟)

(一)任务驱动

Step 1 Lead in(5min)

以问题"Do you like sports?""How often do you do sports?"为话题引入,引导学生阐述自己对于运动的看法和自身运动情况,并让学生以小组讨论的形式讨论出"What might prevent people from starting exercise?"。

创设真实的交际情景:假设你是一名健身房的教练,你将如何给你的学员提供合理的、专业的运动建议?

【设计意图】在导入环节,通过问题导入,引导学生阐述自己对于运动的看法和自身运动情况,根据学生的回答,了解学生的运动喜好和习惯,拉近与学生的距离。创建出"教练"与"学员"之间较为真实的语言互动情境,激活学生对现有材料的背景语言的认知,引出学习主题,让学生在一个实际生动的语言情景中学习英语口语,提高学生学习积极性,为下文的阅读做铺垫。

【思政教育意图】通过提问和小组讨论了解学生日常生活中的运动习惯,在交际场景中激活学生关于运动的已有认知。培养学生的思辨能力、沟通能力及小组协作能力。同时升华主题,引导学生养成运动习惯,加强自律意识,弘扬中华体育精神。

---

① 王颖:《"产出导向法"视域下"课程思政"在英语专业写作教学中的体系构建》,载《外国文学》2021年第5期。

（二）输入促成

Step 2 Review and consolidate（3min）

老师简单复习一下之前学过的重点词汇、短语，如：exercise、health、benefit、regular exercise、to start with、native feeling、immune、flexibility training、over the long term、moreover。复习这些词汇的搭配和使用语境，以及本文中的语法结构：

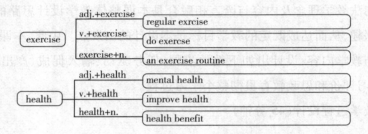

（上图出自译林出版社出版《普通高中教科书·英语[必修 第二册]》）

【设计意图】本课为第二课时，学生之前已经简单地了解过该单元的相关单词和短语，本堂课阅读前老师通过讲授法将文中的重点和难点词汇、短语进行复习，帮助学生减少语言上的困难。同时复习词、短语和句子的意义，有助于语言知识的积累。课上及时进行练习，也可以迅速激活学生的记忆，巩固学生对所学内容的理解，从而提升学生的阅读兴趣和积极性。

Step 3 Read and find （9min）

（1）学生快速阅读，提炼出文章的主旨大意以及结构框架。

The structure of this passage：

Part 1：The benefits of exercise

Part 2：How to pan

Part 3：Eating and drinking right

Part 4：Avoiding injury

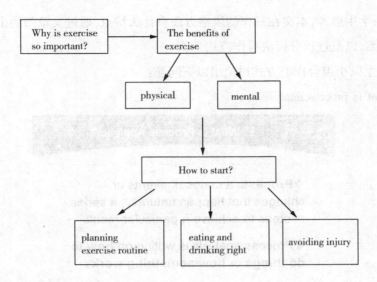

（2）学生精读文章，回答以下问题。

①What are the benefits of exercise?

②How to avoid injury?

③Can you give some examples of figures of speech used in the text?

④What are the physical benefits of practicing tai chi?

⑤How much do you know about Chinese tai chi?

【设计意图】在该环节中，教师提供相关的输入材料，引导学生选择性学习文本材料，促成任务产出，学生通过快速阅读和精读策略和一系列循序渐进、由浅入深、从宏观到微观的阅读任务，从整体和细节两个维度把握文章，归纳文本主要内容和段落大意，掌握文本结构和文本的细节信息。提升学生泛读和精读的阅读技巧，加强学生对课文具体信息的捕获能力，提高学生对文本的综合感知能力与判断力，加强对课文内容的了解。

【思政教育意图】在该教学过程中，学生通过阅读课文，了解到关于运动的一些专业知识。教师通过升华主题，进行德育渗透，引导学生克服惰性，增强自律性，学会用健康合理的运动方式进行锻炼，增强体魄，并引导学生树立健康积极的运动观和人生态度。

通过提问学生对太极的了解情况，引导学生对中国传统文化的关注和探索。树立弘扬中华优秀传统文化的意识和责任感，坚定文化自信，养成对西方运动文化的包容开放、互学互鉴的意识，成为合格的社会主义建设者和接班人。

Step 4 Think and generalize （8min）

教师让学生思考,本文在写作的风格方面有什么特点,通过文章归纳出过程分析法的特点、分类,以及过程分析法写作范式。

(1)学生以小组合作的方式讨论出以下问题:

① What is process analysis?

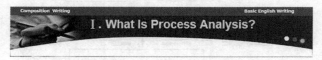

❖**Process**: a series of events or changes that happen naturally; a series of steps to achieve a particular result.

❖Process analysis is writing on **how to do things** or **how something works**.

A process analysis is a step-by-step explanation of how to do something, or how something works /is done or made, or how something happened.

过程分析法是用来解释如何做某事,或者某事是如何工作或如何完成的,或者某事是如何发生的方法。

②What is process analysis used for?

◎ To give instructions
◎ To give information
◎ To give reasons
◎ To give the history

\+ .

过程分析法主要用来给需要执行某个过程的人提供一些指示,给一些想要了解某个过程的人提供信息帮助其在实际上执行它,以及用来报信或来解释一些事情是怎么发生的,即提供历史记录。

③The major types of process analysis.

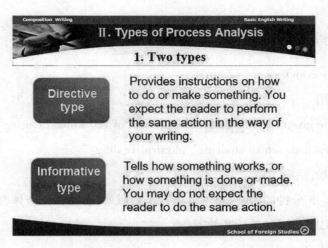

Directive/ Instructional process analysis

Informative process analysis

Problem—solution

（2）教师展示运用过程分析法写作的步骤和模式、注意事项：

How to organize a process analysis paper?

General pattern

①Introduction：thesis statement/ background information

②The body：steps one by one

　－Step 1

　－Step 2

　－Step. . .

③Conclusion：restatement of thesis/ significance of the process

Tips of writing with process analysis

①Evaluate the audience and select details accordingly.

②Give all the necessary steps in the process in time or sometimes in space order.

③Give details and examples to make the process clear and accurate.

④Explain or describe the unfamiliar materials or specialized terms required.

【设计意图】学生通过分组讨论和自我总结归纳的方式发现规律,教师通过展示的方式向学生介绍运用过程分析法的写作方法和注意事项。通过学生的自我总结,可以训练学生的独立学习能力、独立思考和逻辑推理能力;教师给出补充,能够帮助学生更全面、正确地学习运用过程分析法的写作方法,加深学生对该方法的理解,为后面的作文产出打好基础。

（三）产出与评价

Step 5 Practice and write（12min）

（1）学以致用

According the given topic to write a composition of 120 words by using process analysis.

"How to keep high school students' physical healthy?"

（2）头脑风暴,话题讨论

教师给出3~5分钟的时间,让学生进行头脑风暴,思考保持身体健康有哪些方式,以及使用何种格式写作等,然后开始写作。

部分课堂师生互动对话展示:

T:After we finish the learning of process analysis, let's practice.

S:OK

T:Let's brainstorm before we prepare to write the article. Please think about ways you can think of to keep your body healthy.

S1:Do some exercises,such as running,swimming…

S2:Eat healthy food…

S3:Keep happy and be positive…

S4:Get up and sleep early…

T:Excellent,you all did a very good job,and all your ideas are very correct.

【设计意图】在该环节创设中,老师先让学生对所要撰写的作文题目展开头脑风暴,并为学生创造一种自由活泼的氛围,让学生可以在较短的时间内进行充分的思考与表达,并探讨保持身体健康的方法,然后尽量多地提出意见,以引发学生创作灵感,从而获取精彩纷呈的作文创意,同时营造自由的创作氛围,并赋予学生充分的表现空间,最终达到降低写作难度,获得学生集体思想的碰撞,为学生写作打好基础的目的。

【思政教育意图】写作主题紧扣课文文本,学生可用学过的词汇、句式来书写,作文主题具有教育意义,让学生在写作过程中关注个人健康问题,注重养成健康的体魄,养成健康的生活习惯,热爱运动,明确运动的重要性和益处,树立正确的运动观念与运动精神,培养责任感和顽强的意志,帮助学生树立正确的三观。

Step 6 Evaluate and summarize(5min)

该环节教师要求学生两两一组对文章先进行学生互评,然后再由老师进行点评。通过小组间互相讨论,然后小组代表发言,教师因势利导地做总结。

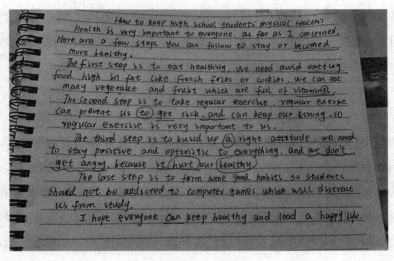

Health is very important to everyone, as far as I concerned.
Here are a few steps you can follow to stay or become more healthy.

The first step is to eat healthily. We need avoid eating food high in fat like French fries or cookies, we can eat many vegetable and fruit which are full of Vitamins.

The second step is to take regular exercise, regular eserse can prevent us (to) get sick. And can keep our strong. So regular exercise is very important to us.

The third step is to build up (a) right attitude, we need to stay positive, and optimistic to everything. And we don't get angry, because it hurt our healthy.

The last step is to form some good habits. So students should not be addicted to computer games which will distract us from study.

I hope everyone can keep healthy and lead a happy life.

（图为学生互评后作品）

【设计意图】根据产出导向法理论，评价环节是对学生在课内、课外产出任务即学习效果的即时或延时评价，是促进师生发展、提高教学质量的有力保障。在该环节设计中，注重评价方式的多元化，先让学生之间互评，更为直接，容易被学生接受。学生的思维和表达能力得到了锻炼，让学生真正成为学习的主人，增强学生的积极性。

Step 7 After class（3min）

课后任务：

继续思考保持身体健康的方法，并对"How to keep high school students' s physical healthy?"的习作再次进行修改，深化巩固思政内容与写作教学内容。

七、教学反思

（一）以产出导向法理论指导，设计教学

本案例以产出导向法理论为指导，将思政因素融合到英语读写教学的体系中，实现知识教学、能力培养和价值培养目标的整合。本课是将输入性学习和产出性运用相结合，在学中用、用中学，学和用没有明显的时间间隔。首先设置情境，激发学生的学习动机和潜能，然后对文本进行理解和分析，总结出过程分析法的特点，最后学以致用，以读促写，完成输出任务，输入性学习和产出性应用做到了无缝对接。[①] 本案例运用产出导

---

① 杨艳平：《新课程背景下高中英语写作教学的创新模式》，载《四川教育学院学报》2008 年第 2 期。

向法理论中的教学流程进行教学,通过一系列的教学活动培养了学生的综合语言能力、文化素养,以及批判性思维能力,符合全人教育的要求,将思政寓于课程,实现育人与育才并进。

(二)思政元素融入,实现立德树人

本课的教学内容选自译林出版社出版的高中英语教科书第二册第二单元课文"A beginner's guide to exercise"。文章内容主要强调如何开始进行运动锻炼,以及让学生了解运动的必要性和益处,并懂得怎样进行有效运动。本设计将思政教育和英语写作教学相结合,基于课文主题,升华到树立正确的运动观,将思政寓于课程,实现育人育才并进、教育教学相融。让学生可以:树立正确的运动观念,确定适合自己的运动方式,提升将价值、知识、能力有机融合的高级思维能力;学会通过运动来提升自我,强健体魄,促进身心健康,增强自信心;树立弘扬中华优秀传统文化的意识和责任感,坚定文化自信;确立对外国运动文化的包容开放、互学互鉴的态度;成为社会主义的建设者和接班人。[①]

(三)教学方式多样,设计合理

本堂课活动设计形式多样,层次鲜明,针对每个教学步骤设计不同的阅读任务,有个人任务、小组任务,设置情境、头脑风暴等。丰富的活动,层层突破,在任务的完成过程中,提高学生英语阅读水平和技巧,如扫读和跳读的阅读技巧,同时提升学生的写作能力,突出了针对性和知识性。

教师根据教学目标,使用不同的教学方法,设定符合情境的、巧妙的、有层次的问题,不断变换角度,带领学生从文本中发现、概括、总结学习内容。本课例中,笔者在写作评价环节采取多元评价法,如组内互评、全班齐评、教师点拨。多元的评价方式从语言、逻辑、思想、书写等多维度来引导学生评价作文。强化有准度、有效度的课程思政教学评价,有利于学生语言技能的掌握和批判性思维的发展,有利于促进学生的全面发展。

---

① 徐锦芬、寇金南:《大学英语课堂小组互动模式研究》,载《外语教学》2017 年第 2 期。

八、结语

总而言之:本堂课的教学目标基本完成,时间分配合理, 重点突出,教学活动完成质量较好。笔者将继续钻研, 扬长避短, 将课程思政教育融入各种教学中,坚持以理论为指导, 优化教学设计,为学生创设更好的英语学习环境,促进学生的全面发展。

基于产出导向法的高中英语
课程思政教学案例
——以译林出版社出版的高中英语教材必修版第二册 Unit 2 为例

杨漫妮　　陈意德①

　　将课程思政理念与中学外语课程建设融合,不仅能在外语教学中体现主流价值观,也能促进高中生英语学科核心素养的发展。本文将基于产出导向法与高中英语课程思政的契合性,从驱动、促成和评价三个环节,以2019年译林出版社出版的高中英语教材必修版第二册第二单元"Be sporty, be healthy"的"Extended reading"部分内容为例,探讨如何利用产出导向法促进课程思政理念在高中英语课堂落地,最终使中学英语教学与思政教育同向、同行,充分发挥协同育人效应。

一、理论依据

　　产出导向法(POA, production-oriented approach)是一套教学理论体系,该理论体系不仅总结和继承了本国外语教育的有益经验,而且吸收借鉴了国外外语教学的先进理念。POA 理论体系由教学理念、教学假设和教学流程三部分组成(如图1)。②

---

　　① 作者简介:杨漫妮,女,湖南津市,湖南科技大学外国语学院在读研究生;陈意德,女,湖南湘潭人,湖南科技大学外国语学院副教授。

　　② 文秋芳:《构建"产出导向法"理论体系》,载《语教学与研究》2015 年第4期。

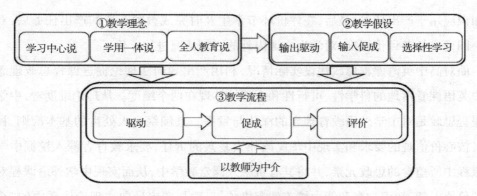

图1 POA 理论体系及流程

在产出导向法理论体系中,"教学理念"部分是本理论体系的指导思想,它由"学习中心说""学用一体说""全人教育说"三大教学理念构成。其中,"学习中心说"区别于"以学生为中心"理念,强调课堂上开展的所有教学活动都应当符合学习者实际需求且能够产生实际成效;"学用一体说"有别于传统课堂"重输入、轻输出"的理念,主张促进学生吸收内化教材中的理论知识并将其运用于实际生活中,达到"学用融合";"全人教育说"不同于"工具性"目标占据主导地位的英语课程教育理念,强调学习者是有思想、有灵魂、有感情的人,外语教学应该考虑学习者的学习水平和实际需求。[①]

产出导向法的教学假设为其教学流程的开展提供了理论支持。产出导向法理论体系中的教学假设由"输出驱动"、"输入促成"和"选择性学习"三部分构成。它打破了"重输入、轻输出"的传统英语课堂教学模式,其教学流程遵循"输出驱动—输入促成—输出评价"的教学顺序。其中,"输出驱动"强调语言产出是学习者外语学习的驱动力和最终目标,它可以激发学生外语学习过程中的积极性、自主性和学习欲望。基于输出驱动条件,产出导向法提出"输入促成"假设,即需要给学习者创设尽可能真实的学习情境并输入大量学习材料。选择性学习强调根据不同产出任务和学习目标的要求,学生自主从学习材料中挑选出适用的部分进行练习。选择性学习可以加强针对性,从而提升学生学习效率。

产出导向法的教学流程是本理论体系的核心要素,"驱动—促成—评价"环节是其实施的关键环节。驱动环节中,教师尽量创设真实的学习情境,为学生布置产出任务、明确交际目标并使学生意识到自身语言学习的不足,从而激发学生语言学习的热情和欲望;促成环节中,教师明确交代产出任务,使学生了解任务步骤,并提供大量输入性学习资料以供学生根据自身情况和任务目标进行选择性学习,学生应通过多次练习,将所

---

① 文秋芳:《"产出导向法"的中国特色》,载《现代外语》2017 年第 3 期。

学知识应用于产出任务;最后,在评价环节学生及时完成教师布置的产出任务后,双方应一同商定任务评价标准,对学生在课内外的表现情况进行评价。

面对高中英语课程思政建设实际情况,利用产出导向法理论促进课程思政理念在高中英语课堂落地的科学性、可行性和合理性体现在两个维度。从理论维度看,中学英语课程思政是对中学外语教育理念的深化与发展。其围绕为人处世的基本准则、社会主义核心价值观的要求和实现中华民族伟大复兴的责任,要求教育者深入挖掘中学英语课程中所蕴含的思政元素,并将其有机融入课堂教学中,从而实现中学外语课程对学生的价值引领、知识教育和能力培养的有机统一,这与产出导向法理论体系中的"全人教育"理念不谋而合。从实践维度看,开展高中英语课程思政,既不是在现有课程体系中增设一项课堂活动,也不是简单地将中学英语课程"去知识化",而是要通过优化课程安排、完善教学设计、丰富课堂资源及加强教学实践等手段,挖掘课程资源中所蕴含的思政元素并将其高效融入外语课堂教学活动中,从而实现英语知识教育与思想政治教育的有机统一。① 这与产出导向理论体系中的"学习中心""学用一体"具有异曲同工之处。

二、教学分析

1. 内容分析

本课例的教学内容选自译林出版社 2019 年出版的高中英语教材必修版第二册,本册教材内容多围绕"人与社会""人与自我"主题语境展开,通过话题内容丰富、文本形式多样的语篇,发展高中生英语学科核心素养。语篇来自第二单元"Be sporty, be healthy"的"Extended reading"部分,此部分要求学生基于单元主题进行拓展性阅读,以进一步探究主题意义,从而获得对中外优秀文化的新认识。

本单元围绕"人与自我"主题语境展开,话题为"健康与锻炼",所选语篇主要介绍作者参加学校太极俱乐部后,对这一运动项目的态度转变及对其背后蕴含的中国文化的浓厚兴趣。总体而言,本语篇课程思政特征较为突出,能够有效渗透德育、体育、美育元素,通过太极由点及面,促使学生了解其背后的中华优秀传统文化,并形成健康生活观念和文化包容意识。

从话题的难度来看,由于学生们大多在日常生活中对太极这一中国传统运动项目

① 黄国文、肖琼:《外语课程思政建设六要素》,载《中国外语》2021 年第 2 期。

有一定了解,且"健康与锻炼"这一子主题与学生的日常生活紧密相关,因此本语篇整体上难度不大。其次,从语篇内容来看,本篇阅读主要讲述作者练习太极拳对其日常生活产生了积极作用,及其了解到了太极背后所蕴含的中国传统文化,并由此形成了健康的生活观念。总体而言,本语篇中课程思政元素较为生动明显,容易激发学生的课堂学习兴趣,强化学生学习的积极性和主动性。

值得一提的是,产出导向法理论指导下,本节课的总产出任务并不只是简单地完成语篇阅读。在实际教学过程中,教师要联系语篇主题,充分挖掘阅读材料中思政元素,并对本节课课堂产出任务做出调整。基于此,本节课总产出任务为:你的外国朋友 Eros 在观看央视 2022 年虎年春节联欢晚会中某节目后,对太极很感兴趣,请写信向 Eros 简单介绍你所了解的太极运动及其背后所蕴含的中国优秀传统文化。

注意:

①内容应包含所提供的信息,可适当发挥;

②条理清晰,行文连贯;

③词数 150 词左右。

2. 学生分析

产出导向法理论广泛应用于高校英语教育,它要求教学对象具有一定的英语基础且语言学习的积极性较高。课程思政背景下,产出导向法理论体系中所蕴含的指导理念、设计流程与高中英语课程双重属性不谋而合,且高中学生具有一定英语水平。因此,将产出导向法应用于本课例课程思政教学设计具有一定可行性。理由如下:首先,高一学生对本单元话题非常熟悉,且通过之前板块的学习,学生已经掌握了一些有关健康和锻炼的表达,明确了锻炼对身体的积极影响并形成了一定的体育观念。因此,学生的知识储备能够完成本语篇阅读,并最终完成课堂产出任务。同时,此语篇蕴含的思政元素较为生动,课堂任务目标贴近学生生活,学生在谈论"太极"这一话题时能够主动参与交流并且有话可说,这也为本节课产出任务的完成创造了很好的条件。

其次,高一学生易被趣味性强的视频、图片等多模态学习资源所吸引,且合作意识强,乐于参与小组合作及沟通交流,喜欢表现自我。在教学过程中,教师可基于产出导向法理论指导,结合语篇话题,提供尽可能真实的情境,引领学生积极表达自我、呈现自我、参与交流,从而激发学生外语学习的兴趣,培养学习成就感,并引导学生形成体育观念并坚定文化自信。

需要注意的是,本班学生英语学习水平参差不齐,对基础知识掌握程度相差较大。因此,在设计课堂活动、选择教学方法和提供输入材料时,应该从不同学生的学习能力和学习现状出发,以尽量满足不同水平学生的学习需求,使每个学生都在原有基础上有所进步和提高。

3. 教学目标

教师在构思教学目标前,应该通过对语篇的细致研读挖掘其中所蕴含的课程思政元素。产出导向法理论指导下的教学目标应该是以学生为主导,建立知识目标、技能目标、价值目标三位一体的目标体系。① 以本语篇为例,其教学目标如下。

知识目标:(1)熟记和应用"锻炼与健康"主题语境相关词汇;

(2)掌握语篇结构并了解作者学习太极经历及其心态变化。

能力目标:(1)进行写作实训,掌握段落发展技巧;

(2)发展逻辑思维、创新思维和自主学习能力。

价值目标:(1)加深对太极及其背后蕴藏的中国优秀传统文化的了解;

(2)形成体育观念,参与体育锻炼;

(3)树立文化自信,促进文化交流互鉴。

4. 设计思路

鉴于产出导向法理论体系与高中英语课程思政的众多契合之处,本课例以产出导向法理论为指导,选取2019年译林出版社出版的高中英语教材必修版第二册第二单元"Be sporty, be healthy"的"Extended reading"部分"Finding a balance: my tai chi experience"语篇展开教学,探讨如何运用产出导向法理论使高中英语课程思政更加生动。

产出导向法理论指导下,本节课分为"输出驱动—输入促成—评价"三个大环节,每个大环节中包含不同课堂活动。教师在课前应充分挖掘课本中的思政元素,并通过网络搜集相关资源。具体设计思路如下:首先,驱动环节中,教师依据语篇话题——太极为学生创设尽量真实的交际情境,并布置总产出任务(写信给外国友人介绍太极及其文化),给学生提供尝试产出任务的机会使其意识到自身语言学习的不足,从而激发学生语言学习的热情和欲望;在促成环节中,教师明确交代产出任务,使学生了解任务步骤及其三项子任务,并提供视频、报纸等多模态资源供学生进行选择性学习,学生通过多样化的课堂活动,进行多次练习并将所学知识应用到产出任务;最后,在评价环节,当学生自主完成教师布置的产出任务后,教师应与学生一同讨论评价标准,对学生在课内外的表现情况进行评价。

---

① 王颖:《"产出导向法"视域下"课程思政"在英语专业写作教学中的体系构建》,载《外国语文》2021年第5期。

三、教学过程

（一）输出驱动

产出导向法理论指导下的输出驱动环节主要通过教师创设情境及呈现产出任务使学生意识到自身语言学习的不足，从而激发学生英语学习的内在驱动力。在正式开始上课前，教师应该细致研读语篇，创设与语篇主题语境、学生日常生活、学生学习需求等具有较强相关性的交际情境。

在本节课输出驱动环节中，授课教师要基于文本内容，充分利用网络多媒体途径，挖掘具有适切性、前沿性、教育性的相关思政资源，力求把隐性的思政元素融入显性的高中英语课堂中去。

Step 1 教师呈现交际情境

教师在课堂上提供此交际场景：你的外国朋友 Eros 在观看了 2022 年央视春晚某节目后，对中国传统运动项目太极很感兴趣。提出产出总任务：写信向 Eros 介绍你所了解的太极运动及其背后所蕴含的中华优秀传统文化。

【设计意图】

"观看春晚"作为中国人庆祝除夕的经典环节，与学生的日常生活紧密相连。在2022 年央视虎年春晚上，在中国三座现代化城市（上海、重庆、广州）的四座"云端高楼"顶端上演的太极节目广受国内外观众好评。教师选取此段作为驱动场景，不仅十分符合学生日常生活情境，能够激发学生学习兴趣，而且与语篇主题十分契合，能够使学生切身感受到太极动作招式之美，及其背后所蕴藏的中华优秀传统文化之美。

Step 2 学生尝试产出任务

学生先自行对上述交际场景进行产出尝试，进行 5 分钟段落写作，介绍自己所了解的太极，感受任务难度。通过学生课堂表现可知，虽然"太极"这一话题贴近学生生活，但太极的历史渊源、动作招式、文化背景及相关英语表达对于高一学生来说难度较大。

【设计意图】

通过产出任务尝试，使学生明确自身在太极相关的英语表述、段落发展技巧、传统文化知识等方面的不足，从而激发学生学习兴趣。

Step 3 教师阐述教学总任务和子任务

本节课产出总任务为：完成一篇 150 词左右的文章，向外国友人介绍太极及其背后蕴含的中华优秀传统文化。

子任务为：

（1）教师呈现阅读语篇"Finding a balance：my tai chi experience"，提出子任务1：了解作者学习太极的经历和心态变化，掌握太极对作者产生的积极影响。

（2）教师播放2022年春晚太极相关节目和一些其他节目中对太极的介绍视频，并提出子任务2：记录太极相关的专业名词表达及其背后所蕴含的中华民族优秀传统文化。

（3）教师提供对太极拳申遗成功相关报道的文章，并提出子任务3：进行头脑风暴，思考太极拳申遗的重要价值及对我国实施健康中国战略的重要意义。

【设计意图】

驱动过程是产出导向法理论指导下高中英语课程思政开展的核心环节，通过上述真实的交际情景和具有层次性的产出任务，能够大大增加学生的学习参与感、成就感，提高学习效果。因此，教师应该谨慎地开展驱动环节，充分挖掘课程思政元素并调动学习者的内在学习驱动力。

（二）输入促成

在促成环节，教师在深入细致地研读语篇、挖掘其中所蕴含的思政元素基础之上，依据语篇的主题——太极与中国文化，进行学习材料的补充与扩展。例如，太极拳成功申遗对我国健康中国战略的重要价值，从而使英语课堂更生动。

Step 4 教材语篇输入

教师呈现语篇"Finding a balance：my tai chi experience"，并提出子任务1：了解作者学习太极的心态变化和太极对作者产生的积极影响。为产出子任务1，学生需完成以下课堂活动：

（1）重点理解语段"In time, I began to look into the ancient Chinese culture behind tai chi⟨...⟩The practice of tai chi aims to maintain the balance of yin and yang in the body through opposite movements：forwards and backwards, up and down, left and right, breathing in and breathing out. Eventually, tai chi brings about a state of physical balance and mental peace."。

（2）通过语篇阅读，了解太极对作者身体状态和心理状态等方面产生的积极影响。"I sleep better at night, and I am more energetic during the day. I feel happier and more confident. Tai chi has taught me to relax my mind, enabling me to stay cool in stressful situations. "

（3）回答问题："What was the author's tai chi experience like?""Write about it in your own words using the information from the article."。

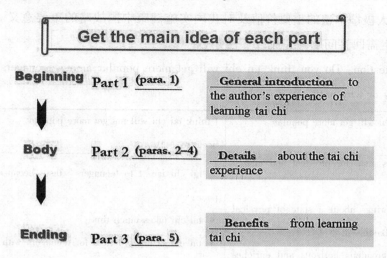

【设计意图】

以教材为基础,充分挖掘课程思政元素,基于形式多样、内容丰富的课堂活动,引导学生在完成语篇阅读的基础上,基于教材内容思考学习太极的益处,形成体育观念,并探索其背后所蕴含的中华优秀传统文化中的和谐之道。

需要注意的是,高中英语课程思政不仅要在英语课堂中厚植家国情怀、社会责任、科学精神等育人要素,也要加强生命健康教育,增强学生健康成长的能力。因此,在本课例中,教师也要注重对学生体育观念的培养。

Step 5 视频输入

除教材外,教师还可通过多媒体资源,广泛挖掘其他主题相关的思政元素。在本课中,教师可播放中国国家广电总局主办拍摄的 *Hello China* 系列节目中对太极的介绍视频——*Tai Chi Quan*,并提出子任务 2:记录太极相关的专业名词及其背后所蕴含的中华民族优秀传统文化。

【设计意图】

此段视频对太极的搏击原理、基本招式、文化内涵进行了简单介绍。通过观看相关视频,学生不仅能从视觉上对太极有更生动直观的了解,深切感受到太极动作招式的艺术美感,还能积累相关专业表达如 white crane spreading its wings（白鹤亮翅）、golden rooster standing on one leg（金鸡独立）。

Step 6 新闻语篇输入

2020 年 12 月,联合国教科文组织宣布将太极拳列入人类非物质文化遗产代表作名录。教师可提供外网对太极拳申遗成功的相关报道"Inscribed in 2020 on the Representative List of the Intangible Cultural Heritage of Humanity",并提出子任务 3:进行头脑风暴,思考太极拳申遗的重要价值及对我国实施健康中国战略的重要意义。为产出子任务 3,学生需回答问题并完成以下任务。

(1)Question:Do you think tai chi will get more popular among teenagers around the world? Why or why not?

I think tai chi will get more popular because:	I think tai chi will not get more popular because:
• tai chi is good for physical and mental health; • tai chi brings about a state of physical and mental balance; • tai chi broadens horizons and enriches knowledge on the ancient Chinese culture. • …	• tai chi isn't to teenagers' taste because of its slow pace; • tai chi takes much time; • tai chi is not practical for teenagers with heavy study pressure. • …

(2)Please put forward some suggestions for the promotion of tai chi culture.

【设计意图】

通过阅读相关报道,使学生明白:成功申遗为太极文化的传播提供了一个非常良好的契机,而如何向希望了解太极的外国友人全面、专业地介绍太极拳及其背后所蕴含的中华优秀传统文化,也成了亟待解决的问题。通过相关课堂活动,能够使学生明确自身责任担当,切实思考如何促进太极文化在世界范围内传播。由此,学生完成子任务 3,并整理相关素材,再次尝试完成总产出任务。

(三)输出评价

Step 7 多元化评价

评价环节是学习者在完成总产出任务后,对其表现进行判断和分析的过程。不同于传统终结性课堂评价,产出导向法理论指导下的高中英语课堂评价除了要做到有准度外,更要做到有温度。在本课例中,教师与学生一同商定评价标准,并构建"形成性+终结性"、"师评+互评+自评"的综合性多元化评价体系:

(1)教师按照评分标准,挑选三篇不同分数段的代表性作文并与学生共同分析,分别提出其在内容、语言表达、篇章结构等方面的优点及有待改进之处;

（2）学生在此基础上进行互评和自评反思；

（3）学生自主完成自评和互评，教师将对学生作文的"师评"记录附在学生自评后，要求学生参考多元化评价对自身产出成果进行改进和完善。

在最后评分过程中，授课教师应该把学生在自评和互评过程中的信度、效度纳入形成性评价的一部分，并以此促使学生形成批判性思维和对自我的正确认识，而这也正是外语教学与课程思政结合的价值体现之一。

【设计意图】

产出导向法视域下的高中英语课程思政评价，更注重学生知识、能力、价值观等方面的全面发展。通过"师评＋互评＋自评"的多元化评价体系，能够更准确、全面地评价学生产出结果，产生评价反拨作用，促进学生英语学科核心素养的发展。

四、教学反思

1. 确定恰当的产出任务

与传统英语课程不同，产出导向法理论指导下的高中英语课程思政活动的输出任务具备以下三个特点：真实性，即产出任务应该贴近学生实际生活情境，具有可操作性并能够激发学生的学习积极性；精准性，教师应该与学生一同商定任务标准，以便师生进行量化评价；丰富性，产出任务应该可以被拆分成子任务，促使学生循序渐进地完成任务。

2. 提供多模态学习资源

学生在输出驱动环节第一次尝试完成总产出任务时发现自身知识结构不足，便会产生强烈的输入欲望。这时仅仅依靠教材、课本的知识不能满足学生的学习需求，无法完成最终的产出任务。因此，教师应该联系本单元主题语境及阅读材料的主题，提供具有思政元素且适切性、真实性较强的语言学习材料。[1] 学生可以根据自身学习需求和任务目标，选取适合自身学习水平和习惯的语言材料展开学习，在减少无关材料的学习、精简学习内容、提高学习效率的同时促进语言产出。

3. 优化教学评价方式

评价在英语课程改革和教学实践中一直处于核心地位，英语课程的评价体系应切实体现评价主体的多元化和评价形式的多样化。产出导向法视域下的高中英语课程思

---

① 刘正光、岳曼曼：《转变理念、重构内容，落实外语课程思政》，载《外国语》2020年第5期。

政评价,要注重学生知识、能力、价值观等方面的全面发展。为了更全面、准确地评价学生语言产出成果,一方面,可以采取终结性评价,即参照与学生商定的评价标准对学生的产出结果进行评价;另一方面,可以利用形成性评价对学生的课堂表现、自学能力、学习态度、品德素质等进行综合评估。

情乐贯穿,学用合一:探究课文教学中落实课程思政的新路径

——以译林出版社出版的高中英语教材必修版第二册课文教学为例

杨筱琛　陈意德[①]

就中国目前教学环境而言,课文教学是中学英语教学的主要形式。课文教学与传统解码式阅读教学不同,是一种整合性的教学模式。通过课文教学,学生能够整合听、说、读、写、译等技能,从而提升综合语言运用能力。自"综合课文观"提出以来,课文教学便引起学术界的广泛关注。国内外学者分别就课文教学的方法、目标以及存在的问题等方面进行了研究。贾晓斐认为,英语课文教学应遵循四个步骤,即感知、理解、精讲、巩固和运用。[②] 有一部分学者认为当前课文教学还存在不足之处,即只重视"学",对"情""乐""用"三方面关注不够。部分教师更关注知识的教授,思政元素定位不准确或忽视思政教育,即"情不够"。部分教师忽视情感等非语言因素的作用,缺少对学生的积极性的调动,即"乐"不够。[③] 部分教师一味进行知识输入,忽视学生的知识应用能力,即"用"不够。[④] 然而"用"是检验学生知识掌握情况的标准也是知识习得的最终环节;"情"是学生个体发展不可缺少的部分,回答了学生"为什么学?""学什么?""学了做什么?"的问题;"乐"则是教育目标得以实现的保证,学生没有积极性,那么教学进程就难以推进,教学效果就会受到影响,教育目标也难以实现。

综上所述,为了在高中英语课文教学中落实思政教育,本研究拟选取译林出版社出版教材中的两则旅行日记,探究"情乐贯穿,学用结合"这一实现课程思政教育目标的新路径。

---

① 作者简介:杨筱琛,女,山西忻州人,湖南科技大学外国语学院在读研究生;陈意德,女,湖南湘潭人,湖南科技大学外国语学院副教授。
② 贾晓斐:《英语课文教学"四步法"》,载《现代交际》2016 年第 8 期。
③ 王伟、肖龙海:《中小学外语课程思政建设的困境与路径》,载《教育理论与实践》2021 年第 29 期。
④ 张兴:《谈输入、输出理论及其在外语教学中的应用》,载《教育与职业》2007 年第 9 期。

一、相关理论介绍

文秋芳将外语课程思政解读为：以外语教师为主导，将立德树人的理念有机融入外语课堂教学各个环节，致力于为塑造学生正确世界观、人生观、价值观的思政教育。[①]《普通高中英语课程标准（2017年版2020年修订）》中明确指出，普通高中英语课程应帮助学生树立多元文化意识，形成开放包容的态度，发展健康的审美情趣和良好的鉴赏能力，加深对祖国文化的理解，增强爱国情怀，坚定文化自信，树立正确的世界观、人生观和价值观，为学生未来参与知识创新和科技创新，更好地适应世界多极化、经济全球化奠定基础。

以本研究选取的两则旅行日记为例，其思政目标为增强学生对文化差异的敏感度和包容性，尊重文化的多样性，培养团结协作、互帮互助的合作精神，以及了解节日包含的文化意蕴。为在课文教学中实现上述目标，需要学生掌握语言知识，读懂语言材料，了解相关文化信息；需要学生学会用英语表达，用英语与合作的同学沟通；需要教师调动学生的积极性，完成教学过程，达成教育目标。由此可见，在课文教学中需要"情""学""用"的高度融合才能落实课程思政，达到预期思政目标。

输出理论指出在二语习得过程中，可理解性输入固然重要，但要使二语习得的效果最大化，不仅需要大量的可理解性输入，还要依靠可理解性输出。可理解性输出在语言习得中起到了重要作用，其主要功能有三种。首先是注意功能，输出任务能够使学习者意识到现有水平与理想水平之间的差距，激发其内部动机，将注意力集中于尚未掌握的语言知识上。其次是假设验证功能，当学习者在语言输出过程中遇到困难时，会根据反馈，对目标语进行不断地检验和修改，使表达更加准确、地道。这一过程为学习者提供不断试错并尝试新规则的机会。最后是元语言功能，元语言即"语言的语言"，学习者能够在输出过程中反思目标语的用法，因此，元语言功能也称为"反思功能"。

国内对输出理论的研究起步相对较晚。卢仁顺指出输出练习不够是导致学生"高分低能"的重要因素之一，并对此提出三点建设性对策。[②] 王奇民通过对比中国和一些外国优秀的教学模式，进一步论证了提高输出质量的必要性。[③] 赵小沛通过对18名非

[①] 文秋芳：《大学外语课程思政的内涵和实施框架》，载《中国外语》2021年第2期。

[②] 卢仁顺：《"输出假设"研究对我国英语教学的启示》，载《外语与外语教学》2002年第4期。

[③] 王奇民：《大学英语教学中的输入与输出探究——中西教学模式比较及其对大学英语教学的启示》，载《外语教学》2003年第3期。

英语专业博士、硕士进行问卷调查,分析后发现大部分学生输出效果并不理想,学习仍处于被动接受的阶段。①

鉴于此,本文拟选取一篇英语教材中的课文,基于输出理论体系进行课文教学设计,使输入、输出活动相互促进,从而实现"情""学""用"的有机融合,提升学生的英语学科核心素养。

二、教学设计

基于输出理论,笔者结合高一学生的英语基础和认知发展水平,从教学分析、教学目标、教学活动、教学评价、教学反思五个方面对课文进行了教学设计。

(一)了解学情,进行教学分析

1. 内容分析

教学内容选自译林出版社出版的高中英语教材。该教材每单元由八个版块组成,分别为"Welcome to the unit""Reading""Grammar and usage""Integrated skills""Extended reading""Project""Assessment""Further study",各版块内容有机关联,难度递增。

【What】必修版第二册 Unit 3 的主题为"节日与风俗",涉及的语篇类型有旅行日记、专题文章和幻灯片等。通过学习本单元的八个板块,学生能够通过比较文化异同,提升传播中华优秀传统文化的能力。在明确单元目标后,进入"Reading"板块的学习。该板块的话题是"环球旅行",由两则旅行日记组成。第一则讲述了作者受邀参加印度婚礼的经历,第二则描述了他亲历巴西狂欢节的过程及感受。

【Why】通过对印度婚礼和巴西狂欢节的描写,让学生感受文化差异,尊重不同的文化和风俗,培养国际视野。

【How】两则旅行日记均以顺序展开。第一则旅行日记共五个段落,第一段讲述了作者受邀参加婚礼,第二段介绍了婚礼举办场地,第三、四段介绍了婚礼流程和习俗,最后一段简述婚礼后的娱乐活动;第二则旅行日记由四个段落组成,第一段介绍了狂欢节前的场景,第二、三段详细地介绍了街道上热闹的庆祝活动,第四段简述狂欢节后作者的心情,作者在描述时运用了对比的写作手法,渲染了狂欢节的喜庆气氛。

---

① 赵小沛:《Swain 的输出假设及其对我国外语教学的启示》,载《安徽大学学报》2003 年第 4 期。

2. 学生学情分析

（1）知识基础

教学对象为高一学生。此前他们已经修完第一册的课程。总体说来，该阶段学生具备一定的词汇、语法等语言基础，但语篇意识还有待加强，还需补充文章体裁方面的知识；具备略读、寻读的阅读技能，但在信息归纳整合方面仍需加强。

（2）学情剖析

本单元的主题为"节日与风俗"，学生对这一主题展现出浓厚的兴趣，乐于用新学的词汇、短语介绍节日风俗和旅行经历。

同时，经过第1课时的学习，学生已经对两则旅行日记的结构框架和细节内容有了一定的把握，教师在课前布置了输出驱动任务，要求学生用短语造句，找写作手法以及思考讨论，学生已经发现了自身存在的知识盲点，听课更具针对性。

3. 设计思路

本节课的教学活动设计以输出理论为指导，由课前输出驱动、课中精彩生成、课后巩固反思3个环节组成。其中课前输出驱动环节可实现注意功能；课中精彩生成环节可实现假设检验功能；课后巩固反思环节可实现元语言（反思）功能。教学评价贯穿于整个学习过程。

课前教师布置3个任务：用短语造句并找出文中运用的写作手法以及两道文化方面的思考题。学生在自主学习过程中，可以发现自己存在的问题，并"注意"这些问题。

课中精彩生成环节包含四个步骤，分别为：课堂导入、呈现产出、语言促成和讨论输出。在导入部分，教师采用话题导入和复习导入相结合的方式。以学生熟悉的话题"旅行经历"为切入点，激发兴趣。接着，教师在课件上呈现第1课时整理的两则旅行日记的思维导图，引导学生对文章内容进行回顾。

学生对文章的结构和细节有了清晰的把握之后，进行呈现产出。教师随机请单个学生或小组进行汇报。汇报内容围绕课前的3个任务展开。在每名（组）学生汇报结束后，教师要及时对学生的表现进行评价，指出其优点和不足之处，以达到"输出驱动"的效果。

在语言促成部分，教师就文章中出现的重点词汇 hit 和 current，以及部分否定句型和过去将来时时态进行讲解。这一部分目的在于"输入促成"，教师可以采用指导发现法，通过呈现含有目标语法的句子引导学生观察、发现语法规则，在此基础上进行讲解和补充，并通过练习帮助学生掌握其规则和用法。

在讨论输出部分，教师可要求学生围绕两道问题展开讨论。第一道问题："如何看待年轻人举办西式婚礼?"此题为观点态度类的思考题。第二道题:"如何传承并推广中国传统节日?"此题为建议做法类思考题。这一部分为输入后的输出,教师应根据学生的回答,判断学生是否能透过文本挖掘其包含的文化意蕴,同时,将学生讨论后的结果与呈现产出部分进行对比,以检验学生是否达成学习目标。

(二)确定"情""学""用"融合的教学目标

教学目标是教学活动顺利开展的前提和导向,教学目标决定了教学的高度,也决定了学生思维的深度。① 因此,教学目标的设计一定要具体化、清晰化。笔者采用潘海英提出的"三维教学目标"。其中课程思政目标包括引导学生形成正向的价值观、坚定的文化自信;课程知识目标包括掌握词汇、语法、写作手法、语篇等方面的知识;课程能力目标包括培养语篇分析能力、体裁语用能力、批判思维意识。② 据此,笔者为本节课预设了三方面的教学目标。

1. 课程思政目标:

(1)通过了解印度婚礼的风俗以及里约狂欢节的盛况,增强学生对文化差异的敏感度和包容性,使学生学会尊重文化的多样性;

(2)通过小组讨论、探究学习和小组合作,培养团结协作、互帮互助的合作精神;

(3)通过话题讨论进行思想升华,了解节日包含的文化意蕴。

2. 课程知识目标:

(1)强化课文中短语的应用和训练,学习并拓展重点单词 current、hit 的相关用法及传统节日的英文表达方法;

(2)理解、掌握过去将来时的动词构成,并能够在语境中准确恰当地使用该时态;

(3)了解、掌握作者在旅行日记中运用的写作手法,如对比,并明确其效果;

(4)了解旅行日记的格式、语篇结构和语言特征。

3. 课程能力目标:

(1)能够运用得体的语言开展文化交流,表达自己的观点与态度;

(2)通过课前自学、课堂展示、小组讨论、课后反思等多种方式提升学生自主学习能力和思辨能力;

(3)通过老师引导、学生讨论、培养学生将价值、知识、能力有机融合的高阶思维

---

① 宋洁清:《初中英语深度阅读教学策略探析》,载《中小学外语教学》2020 年第 10 期。

② 潘海英、袁月:《大学外语课程思政实践探索中的问题分析与改进对策》,载《山东外语教学》2021 年第 3 期。

能力。

（三）体现情乐贯穿、学用合一的教学活动

1. 课前输出驱动，做好准备

教师布置课前任务：第一，要求学生在课文中标注重点词汇和短语，并造句；第二，两两一组，找出旅行日记运用的写作手法；第三，以学习小组为单位，讨论"中国和印度的婚礼有何异同？""我国有哪些传统节日？请列举一下，并说明应当如何对待这些传统节日。"这两个问题，然后分享学习课文后的感悟和启发。

【设计意图】

教师在课前布置预习任务，可以使学生提前进入思考状态，为课堂展示做好准备。同时，学生通过自主学习，能够发现自己的知识盲区，提高听课效率。

2. 课中精彩生成，情乐贯穿

Step 1：课堂导入

以问题"你去过哪些地方旅游？"导入，引导学生用本单元单词分享自己难忘的旅行经历，感受旅行的意义。此环节预计需要 5 分钟。

经过第一课时的学习和探讨，学生已经对课文的主旨、文章结构以及重点单词有了一定的掌握。因此，教师可先在课件上呈现两则旅行日记的思维导图，引导学生对已学内容进行回顾，接着明确本节课的学习目标，即短语的搭配和应用、旅行日记题材与写作手法分析、语法的分析和文化意识的培养。

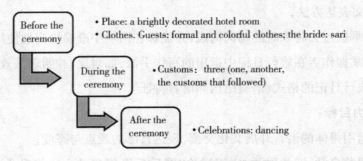

图1　第一则旅行日记思维导图

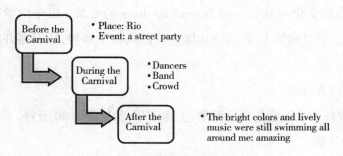

图1　第二则旅行日记思维导图

【设计意图】

师生之间自然问答活动,为学生创设练习英语口语的语境;复习导入,有利于衔接新旧知识,提高学习效率;明确本节课的学习目标,让学生带着目标去思考和学习并积极主动地参与课堂活动。

Step 2　呈现产出

呈现产出环节要求学生对课前预习情况进行展示,由3项任务组成,预计需要12分钟。

(1)短语的巩固和应用:记忆短语并用短语造句是要求每名学生完成的课前任务,所以老师可随机抽取4名学生进行展示。每名学生展示结束后,教师对其短语运用准确性、句子内容、口语流畅度三方面进行评价。

(2)两人一组介绍日记题材:"What are the core elements of a travel journal?"。

分析课文写作手法:"What writing skills are used in the travel journal?"。

教师随机抽取三组同学呈现思考结果,并进行评价。

【设计意图】

随机邀请学生展示英语句子,不仅可以检测学生的短语掌握情况,而且可以提高学生用英语进行口语交际的能力;两两汇报讨论结果,可以使学生初步了解旅行日记的核心要素以及对比的写作手法,利于培养学生的思维能力和合作精神。

(3)小组呈现两道思考题和学习感悟的汇报:教师抽取四组同学用课件呈现对两道课前思考题的见解以及课前自主学习的感受。小组内分工明确:资料收集、课件制作、感悟和启发总结分别由不同成员负责。小组汇报结束后,教师同样也要根据学生的表现,给出适当的评价和建议。

【设计意图】

以问题引导。课前教师针对两则旅行日记分别提出一道思考题。对高一学生而言,此任务具有一定的难度,但能引导学生深入研读,理解作者的言外之意,体悟深藏于文字之后的隐性文化①,达到 read beyond the lines 的效果。以小组学习的形式进行讨论,能培养学生的思辨能力、语言表达能力及团队协作精神,从而提升高中生的英语学科核心素养。

Step 3　语言促成

语言促成环节是课堂任务的精华、主体部分,预计需要 20 分钟。

(1)查漏补缺

①日记题材补充学习:通过上一课时的学习以及课前准备,所有学生都自觉对日记格式予以关注和重视,但在梳理旅行日记的核心要素时,容易丢失 feeling(感受)这一核心要素。

②写作手法总结概括:预设所有学生均能够回答出第二则旅行日记运用了对比的写作手法,但没有指明运用这一写作手法的好处。

③思考题目深化拓展:预设学生的回答均较为精彩,但没有列出角度,回答条理不够清晰:第一题可引导学生以表格的方式从地点、习俗、服装、参与者等不同维度进行对比;第二题可引导学生熟悉并记忆传统节日的英文表达,了解传统节日包含的文化意蕴。

表1　中国婚礼与印度婚礼的对比

维度	中国婚礼 (Chinese traditional wedding ceremony)	印度婚礼 (Indian wedding ceremony)
地点(location)		
习俗(custom)		
服装(costume)		
参与者(participants)		

【设计意图】

教师基于学生的呈现,以文本为基础,以问题引导为方式带领学生明确日记题材、写作手法以及文化知识,以便学生进行查漏补缺。这既对课前任务进行了总结,也为之后语言知识学习环节的展开做了铺垫。

(2)语言学习

任务 1:教师呈现含有 current、hit 的英文短语和句子,要求学生与相应英文句子进行配对。

---

① 王颖婷:《在阅读教学中培养学生文化意识的实践》,载《中小学外语教学》2019 年第 7 期。

current 基本词义:

Find the right meanings of "current".

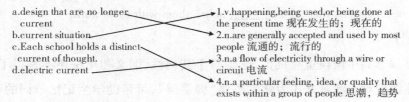

a.design that are no longer current
b.current situation
c.Each school holds a distinct current of thought.
d.electric current

1.v.happening,being used,or being done at the present time 现在发生的; 现在的
2.n.are generally accepted and used by most people 流通的; 流行的
3.n.a flow of electricity through a wire or circuit 电流
4.n.a particular feeling, idea, or quality that exists within a group of people 思潮, 趋势

hit 基本词义:

Find the right meaning of "hit".

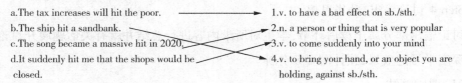

a.The tax increases will hit the poor.
b.The ship hit a sandbank.
c.The song became a massive hit in 2020.
d.It suddenly hit me that the shops would be closed.

1.v. to have a bad effect on sb./sth.
2.n. a person or thing that is very popular
3.v. to come suddenly into your mind
4.v. to bring your hand, or an object you are holding, against sb./sth.

短语补充:

hit the road 上路;出发;离开   hit the spot 使人满意;正合需要

hit bottom 到达谷底   hit it off 一拍即合;投缘

任务 2:教师指导学生将课文中的英文句子"I did not understand all of the traditional customs, but a few made a deep impression on me."译为中文(注意:"所有的传统风俗我都不了解"为错误翻译),引出部分否定的句型结构,然后通过对比以下两个句子,讲解部分否定和完全否定的区别和用法。

A: All the books on the shelf are not worth reading. 部分否定

B: None of the books on the shelf are worth reading. 完全否定

任务 3:教师可要求学生翻译课文中的句子"I knew it would be the opportunity of a life time.",接着引导学生关注并归纳该句谓语部分的构成形式,最后讲解该句运用的过去将来时态,补充其他谓语构成形式并结合例句讲解用法。

含义:过去将来时表示的是从过去的某一时间来看将要发生的动作或存在的状态,常用于宾语从句和间接引语中。

构成:should/ would + 动词原形

was/were going to + 动词原形

was/ were (about) to + 动词原形

用法:

A. They were sure that they would succeed. 站在过去看将来

153

B. He'd play the violin when he was in low spirits. 过去的倾向或经常发生的事

C. I wish he would go to the cinema with me tonight. 非真实的动作或状态

练习：Whenever he has time，he _____（help）them with their work.

【设计意图】

current、hit 属于高中阶段重点词汇，学生对于其词性、词义和用法还不是很了解。因此，教师以连线配对的练习方式为学生搭建"脚手架"，可帮助学生记忆单词的不同含义。此外，教师通过翻译练习引导学生关注句型与时态，再做细致讲解，使语法学习不再枯燥乏味，也易于激发学生的内部学习动机。

Step 4 讨论输出，升华思想

讨论输出部分属于读后环节，学生对所学内容进行总结并就有关话题展开讨论，以达到深度学习的效果，预计需要 8 分钟。

（1）课堂总结

教师提纲挈领地以思维导图的形式，引导学生分别从主旨大意、旅行日记结构以及语言知识三个方面对已学知识进行巩固，具体内容如下：

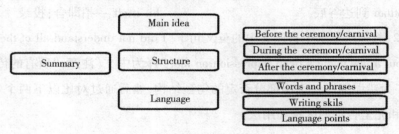

图 2　思维导图

（2）话题讨论，思想升华

经过本堂课的学习，组织学生就以下话题进行讨论：

Q1：如今越来越多的年轻人选择举办西式婚礼，你如何看待这种现象？

Q2：如何传承并推广中国传统节日？

教师分配 3～5 分钟时间，引导学生进行自由讨论，然后请 2～3 名小组代表上台发言，呈现产出。

小组代表发言后，老师进行总结：在全球化的今天，学生不仅要了解不同的风俗和文化，尊重文化差异，培养国际视野；而且要理解传统节日所承载的核心价值观念及意义，积极传承中华优秀传统文化。

【设计意图】

两道讨论题目融阅读与口语交际活动为一体。对于第一道题目，学生既可以认为选择何种形式的婚礼都是年轻人的权利,也可以认为举办西式婚礼是传统文化传承缺失的表现;对于第二道题目,教师应引导学生多角度、全面地思考问题,如:学生可以从政府、社会、教师、自身等不同角度提出建议。该题目的设置利于让学生意识到传统节日是历史文化的重要载体,提升其文化意识。

3. 课后巩固,学用合一

作业布置:

(1)要求学生默写课文的重点单词、短语和句型;

(2)要求学生根据自己的旅行经历,完成一篇旅行日记,鼓励学生尽量使用新学的单词和短语,注意日记的格式和语言特征;

(3)要求学生根据课上的讨论,将语言转化为文字,完成一篇有关传承并推广中国传统节日的文章,120 词左右。

【设计意图】

课后作业的布置有利于帮助学生及时巩固自己的学习成果,进行知识整合。同时,学生的作业完成情况也能够帮助教师判断是否达成预设的教学目标,并为之后改进教学提供参考。

(四)构建情乐贯穿、学用合一的评价体系

中学英语教师应将教学评价贯穿教学过程始终,采用过程性评价、终结性评价相结合的评价方式。① 基于此,笔者设计的课堂教学评价表格如下:

表2 课堂教学评价表

评价项目	得分(优秀为5分,不合格为1分)				
	优秀	良好	中等	合格	不合格
思政情况					
语言知识					
课文理解					
课堂投入程度					
语言运用能力					
测验成绩					
综合评价					
自评及对教师的建议					

① 高佳新:《高中英语阅读学习的过程性评价》,载《海外英语》2019 年第 16 期。

上表中思政情况指思政目标的达成情况,即学生能否体会文本包含的文化意蕴;语言知识指学生重点词汇、短语、句型、语法的掌握情况;课文理解指学生是否能运用阅读策略理解课文主旨和细节;课堂投入程度指学生是否能主动回答问题、积极参与小组讨论等课堂活动;语言运用能力指学生能否运用新知识点进行口语交际;平时测验将分数转换为等级。该表格由小组成员在课后共同讨论后填写。

此外,教师还应采用激励性的言语评价,肯定学生的进步之处,从而缓解英语阅读中产生的焦虑,提升阅读自我效能感,促使学生积极主动发展,如:当教师发现学生在汇报时有所进步,应及时鼓励学生——"You are great! I'm proud of your progress!"

【设计意图】

以上课堂教学评价表的前七栏评价项目由小组成员互评,最后一栏为"自评与对教师的建议",融师生评价、学生互评为一体,质性评价和量化评价相结合,评价方式多样,充分尊重学生的主体地位。同时,评价项目由课堂表现与测验成绩两部分组成,同时体现出过程性评价与终结性评价。其中,语言知识、语言运用能力、思政情况的评价分别对应课程知识、能力、价值目标的达成情况,较好地体现了学用合一、学以致用的理念。激励性的语言评价关注个体的进步与发展,有助于激发学生的内部学习动机。

(五)及时反思,优化教学效果

课后反思有利于促进教师的专业发展、增进师生情感。[①] 英语教师在课后,要及时对教学目标、教学实施、教学评价和教学效果进行反思。在反思过程中,既要肯定教学过程中的亮点,也要指出有待改进之处,以便明确今后努力的方向。笔者对该教学设计进行了如下反思:

该教学设计做到了:

(1)教学目标设计合理,尊重学生的主体地位。该教学目标体现了"以生为本"的教学理念,结合高中生的认知发展水平,将教学任务转化为学生的学习目标,使学生易于接受。此外,教学目标具体、全面,做到了知识、能力、价值三者并重。

(2)教学活动设计体现了情乐贯穿、学用合一的特点。基于输出理论,教学环节分为课前输出驱动,课中精彩生成,课后巩固提升3个部分。这3个部分的任务环环相扣、层层递进,符合高一学生的认知发展规律,能激发学生对英语学习的兴趣。此外,输入、输出活动相互促进,也利于提高学生的综合语言运用能力。

---

① 牛宣丽:《教学反思与教师成长的关系》,载《中国培训》2017年第4期。

（3）教学评价评价方式多样,融价值、知识、能力于一体,能够更加直观、动态地对学生的思政情况、语言知识、语篇理解能力、课堂投入程度、语言运用能力、测验成绩等方面进行全方位评价,从而实现"以评促学"的目的。

但该教学设计也存在不足之处:教学任务的设计没有考虑到学生间的个体差异;活动时长无法预估;每次主动展示的可能都是固定学生等。

笔者将不断改进这一教学设计,设计出更加符合情乐贯穿、学用合一特点的教学活动,从而提升学生的英语学科核心素养。

三、结语

在新课程改革背景下,中学教师需要优化教学设计,改变传统的教学观念,采用整合性的教学模式。[1] 本文基于输出理论,对两则旅行日记进行教学设计,设计了课前输出驱动、课中精彩生成、课后巩固反思三个环节,融词汇、语法、阅读策略、口语交际、写作练习于一体,做到了输入、输出的相互促进。为实现预设的思政教育目标,本研究探索了落实课程思政的新路径。为了更好地融语言知识传授、语言知识应用能力培养以及思想政治教育与一体,还需要在不断的实践过程中根据学生的掌握程度和反馈情况对本教学设计进行反思与调整。

---

① 王蔷、周密、蒋京丽、闫赤兵:《基于大观念的英语学科教学设计探析》,载《课程·教材·教法》2020 年第11 期。